앙겔루스
노부스

일러두기

- 이 책은 2003년 (주)아웃사이더에서 발간된 『앙겔루스 노부스』의 개정판입니다.
- 책·잡지·신문명은 『 』, 미술작품·단편소설·시·희곡은 「 」, 전시회명은 〈 〉로 묶어 표기했습니다.
- 인명과 지명 등 외래어 표기는 국립국어원의 규정을 따르는 것을 원칙으로 했습니다.
- 이 책에 사용된 일부 작품은 SACK를 통해 ADAGP와 저작권 계약을 맺은 것입니다.
  저작권법에 의하여 한국 내에서 보호를 받는 저작물이므로 무단 전재 및 복제를 금합니다.
  저작권자를 해결하지 못한 일부 작품은 저작권자가 확인되는 대로 수록 절차를 밟겠습니다.

진중권
미학
에세이 2

탈근대의 관점으로 다시 읽는 미학사

진중권 지음

◆ 제2판 서문 ◆

　이 책은 2003년 '아웃사이더'라는 곳에서 먼저 출간되었으나, 출판사가 문을 닫는 바람에 절판된 바 있다. 아트북스로부터 이 책을 복간하자는 제안을 받은 것이 이미 몇 년 전. 차일피일 미루다가 이제야 책을 다시 내게 되었다. 복간을 미룬 이유 중의 하나는 오래전에 쓴 자기의 글을 다시 읽는 데에 따르는 민망함이었다. 이미 13년이나 된 원고들이지만, 지금 이 시점에 보아도 고칠 만한 내용은 별로 없었다. 사소한 오류를 바로잡고, 일부 도판을 교체하고, 참고문헌을 보강한 것을 제외하면, 초판과 내용은 달라진 것이 없다.

　1980년대 말과 90년대 초 우리 지성계에 이른바 '포스트' 담론이 유행할 때, "모든 책은 유행이 지난 다음에 읽는다"는 발터 베냐민의 격언에 따라 나는 일부러 그 유행에 거리를 두었다. 1999년 유학을 중단하고 한국에 돌아왔을 때, '포스트' 담론의 유행은 어느 정도 지나간 상태. 비로소 베냐민이 말한 유행이 지난 독서를 위한 최적의 시간이 된 셈이다. 이 책에 실린 '에세이'들은 '탈근대'의 관점에서 미학사를 다시 읽으려는 '시도'라 할 수 있다. 공교롭게도 불어에서 에세이는 '시도'라는 뜻을 갖는다.

1장 「미와 에로스」에서는 플라톤의 미학을 '존재미학'의 관점에서 재해석한다. 플라톤의 텍스트 『향연』에 등장하는 '미의 이데아'는 근대미학에서 주로 존재론이나 인식론의 측면에서 이해되어왔다. 그 결과 '미의 이데아'가 존재의 해석학이 아니라 존재의 미학에 속한다는 사실은 간단히 망각되었다. 이 에세이는 미셸 푸코의 『성의 역사』를 토대로 플라톤의 '미의 이데아'가 함축하고 있는 윤리학적 미학의 측면을 드러낸다. 그리스인들에게 '미의 이데아'란 자신의 삶을 작품으로 끌어올려 완성시켜 나가는 존재미학의 원리였다.

2장 「피그말리온의 꿈」에서는 예술적 진리에 대한 근대미학의 관점을 전복하려 했다. 근대미학에서 예술은 '모방'으로, 예술적 진리는 '재현의 진리'로 이해되었다. 하지만 원래 그리스어 '미메시스^{mimesis}'는 그저 단순한 모방^{imitatio}이 아니라, '감각적 현현' 일반을 가리켰다. 이 장에서는 하이데거의 『예술작품의 근원』을 따라 '미메시스'의 근원적 의미를 되살리려 했다. 이 경우 예술적 진리는 이미 존재하는 것의 '재현^{representation}'이 아니라, 아직 존재하지 않는 것의 '현시^{presentation}'로 다시 정의될 것이다.

3장 「헤라클레스의 돌」은 플라톤의 대화편 『이온』을 중심으로 예술의 '영감론'을 되살리려 한다. 플라톤에게 시는 신적 영감의 산물이었으나, 아리스토텔레스 이후 시는 테크네, 즉 합리적 규칙에 따른 인간적 제작의 산물로 여겨지게 된다. 이 관점은 훗날 고전주의 미학의 토대가 된다. 낭만주의가 거기에 반기를 들고 예술의 '영감론'을 부활시키나, 거기서 '영감'은 그저 천재라는 예외적 개인의 재능으로 설명될 뿐이다. 이 장에서는 니체를 따라 오랫동안 잊혔던 예술의 디오니소스적 특성을 다시 부각시키려 했다.

4장 「말의 힘」에서 분석할 텍스트는 위(僞)롱기누스의 '숭고론'이다. 버크 이후 근대미학은 미와 함께 숭고를 주요한 미적 범주로 다루었으나, 어떤 이유에선지 그 후 숭고에 관한 논의는 주변으로 밀려나고 말았다. 하지만 20세기 후반 리오타르의 에세이 「숭고와 아방가르드」를 통해, '숭고'는 후반 현대예술을 특징짓는 주요한 미적 범주로 부활한다. 이 장에서는 '숭고'에 관해 쓰인 최초의 문헌을 통해 아리스토텔레스의 테크네론과 플라톤의 영감론의 충돌을 미와 숭고의 대립으로 재해석하게 될 것이다.

5장 「메갈로프쉬키아」는 견유주의자 디오게네스를 위(僞)롱기누스가 말한 '위대한 영혼'의 예로 제시할 것이다. 흔히 서구의 철학사는 플라톤에 대한 주석이나 다름없다고 한다. 탈근대의 철학은 이 플라톤주의의 전통을 전복하려 한다. 디오게네스에 주목하는 것은 그가 탈근대의 철학이 등장하기 수천 년 전에 이미 플라톤 철학의 전복을 시도했기 때문이다. 보편자보다 개별자를, 필연성보다 우연성을, 학적 논증보다 예술적 농담을 선호했던 이 "미친 소크라테스"는 탈근대 철학의 선구자였다고 할 수 있다.

6장 「죽어가는 것들」은 데카르트의 『정념론』을 통해 근대의 성신주의 철학에 어떻게 신체를 억압해왔는지 분석한다. 신체를 정신의 식민지로 간주한 데카르트의 철학은 '이성적 존재'라는 '근대인'을 만들어내기 위한 생체공학의 이론적 표현이었다. 앨버트 허쉬먼에 따르면, 정념을 다스리려는 이 생체공학의 결과 현대인은 자본주의적 인간, 즉 이익을 위해 모든 생명활동을 억제하는 '호모 에코노미쿠스'로 변모했다고 지적한다. 이 장은 이 근대의 기획을 전복하여 '내 안의 자연', 즉 신체를 부활시키려는 작은 이론적 시도다.

데카르트 철학의 미학적 표현은 고전주의 미학이었다. 데카르트는 이성적 존재가 되려면 감각을 불신하고, 정념을 억제하며, 상상력을 배제하라고 가르쳤다. 데카르트의 격률은 '진리 충실성' '점잖음' '정직한 인간'과 같은 개념으로 옷을 갈아입은 채 고전주의 예술의 원리가 된다. 하지만 데카르트주의가 배격한 감각, 정념, 상상력은 공교롭게도 오늘날 우리가 '예술'이라 부르는 것의 특성과 일치한다. 7장 「옛것과 새것」에서는 17세기에 예술이 이 이성의 독재에 맞서 어떻게 싸웠는지 살펴본다.

8장 「물, 불, 공기, 흙」에서는 롱기누스에서부터 에드먼드 버크를 거쳐 칸트로 이어지는 '숭고'의 개념을 살펴보게 된다. 근대미학은 자연의 숭고를 인정했다. 가령 19세기 낭만주의의 '파국의 그림들'에서는 자연이 살아 숨을 쉬며 인간을 압도한다. 하지만 근대의 미학은 여전히 인간중심주의에 갇혀 자연이 숭고한 이유를 인간정신의 위대함 속에서 찾았다. 이 장은 이러한 근대의 숭고론과 달리 자연의 위대함을 그 자체로 인정하는 새로운 자연 숭고의 개념을 모색할 필요성을 주장한다.

9장 「자연의 결함」에서는 '자연미'와 '예술미'의 관계에 대한 헤겔의 생각을 비판적으로 검토하게 된다. 헤겔은 자신의 『미학』에서 자연미에는 결함이 있으며, 바로 그 때문에 예술미가 필요하다고 주장한다. 자연미에 대한 예술미의 우위를 주장하는 것은 곧 자연미에 대한 인공미의 우위를 주장하는 것이다. 그런 의미에서 헤겔의 미학은 근대의 개발 이데올로기의 미학적 표현이었다고 할 수 있다. 이 장에서는 그런 근대의 폭력적인 자연 지배의 강박에 맞서 자연의 이질성을 존중하는 새로운 생태미학의 필요성을 요청하게 된다.

10장 「앙겔루스 노부스」에서 다루는 것은 미학 이론이 아니라 한 장의 그림이다. 파울 클레의 그림 「신천사」. 널리 알려진 것처럼 발터 베냐민은 그의 「역사철학테제」에서 이 그림을 자신이 생각하는 '역사'의 엠블럼으로 사용한 바 있다. 이 에세이는 현실사회주의 붕괴로 유토피아의 희망을 잃어버린 시대의 멜랑콜리를 다소 감상적인 어조로 표현하고 있다. 이 에세이는 지극히 사적인 체험의 기록으로, 역사주의가 붕괴한 시대에 역사를 대하는 내 자신의 개인적인 다짐을 담고 있다.

이 에세이들을 쓰던 당시만 해도 내가 무슨 일을 하고 있는지 정확히 의식하지 못했다. 지금 다시 읽어보니, 나의 문제의식은 기존 문헌의 재해석, 그동안 배제됐던 문헌들의 독해, 혹은 주변화한 문헌들의 재조명을 통해 근대미학의 패러다임을 탈근대의 그것으로 전환하는 데에 있었던 것 같다. 그 전환은 한마디로 '미에서 숭고'라는 모토로 요약할 수 있을 것이다.

일찍이 1950년대에 미국의 화가 바넷 뉴먼은 "이제까지 서구의 예술은 미에 종속되어 숭고에 대한 열망을 잃어 버렸다"고 말한 바 있다. 뉴먼의 주장은 한 마디로 현대미술의 원리는 '미'가 아니라 '숭고'에 있다는 선언이었다. 30년 후 프랑수아 리오타르는 뉴먼을 인용하여 숭고가 현대예술의 지배적 미적 범주라는 분석을 내놓는다. 미학에서 '숭고'의 범주가 1980년대에 이르러 발견된 것은 어떻게 보면 매우 이상한 일이다. '미'를 추구하는 고전예술의 원리는 20세기 초에 이미 종언을 고했기 때문이다. 쓰던 당시에는 명확히 의식하지 못했지만, 이 책에 실린 10편의 에세이는 모두 직접적, 혹은 간접적으로 '숭고'의 개념과 연관되어 있다.

　리오타르는 '숭고'의 개념을 주로 아방가르드 예술에 한정시켰지만, 나는 '숭고'의 개념을 고대의 '존재미학'과 현대의 '생태미학'으로까지 확장시키려 한다. 내게 '숭고'란 그저 미를 추구하던 고전주의 예술을 해체한 아방가르드 예술의 원리에 그치는 게 아니라, 자신의 존재를 위대함으로 끌어올리는 존재미학의 원리이자, 나와 이질적인 존재로서 자연을 있는 그대로 긍정하는 생태미학의 원리이기도 하다. 이 책에 수록된 10편의 에세이를 통해 내가 지향하는 '확장된 숭고'의 다양한 측면을 엿볼 수 있을 것이다.

　이런 시각의 전환에 이론적 도움을 준 것은 독일과 프랑스 철학자들의 미학이었다. 이들 탈근대의 미학에 관한 나의 연구는 『현대미학 강의』(2003, 아트북스), 그리고 이를 토대로 쓴 『미학 오디세이』 3권 (2004, 휴머니스트)에 담겨 있다. 13년 전에 쓴 자기의 글을 다시 읽는 것은, 마치 밤에 쓴 글을 낮에 읽는 것만큼이나 민망한 일이다. 감상적 어조로 쓴 부분은 특히 그러하다. 그 글을 쓰던 청년의 몸속에 지금은 중년의 사내가 들어앉아 있다. 옛글을 다시 읽는 민망함보다 강렬한 것은 그리움이다.

2013년 여름

진중권

◆ 제1판 서문 ◆

다시 읽기

 이상적 독해라는 것이 있을까? 책의 진리를 남김없이 드러내는 최종적인 독서. 그런 독서가 있다면 책은 태어나는 즉시 죽을 것이다. 모든 시각에 맹점이 있듯이, 모든 독해에도 맹점이 있다. 우리의 눈이 맹점이 없이는 아예 볼 수 없듯이, 모든 독해는 그 무언가를 자신의 맹점 속에 감추어야 책의 진리를 드러낼 수 있다. 그리고 맹점에 가려 보이지 않는 그 부분을 드러내는 것은, 그 역시 고유의 맹점을 가진 다른 독해들이다. 때문에 책은 다시 읽혀야 하고, 그 독해는 영원히 완성될 수가 없는 것이다.

 여기에 실은 글들은 어떤 독해의 경험에서 나온 것이다. 베를린 유학 시절 미학을 제쳐놓고 언어철학에만 매달렸다. 어느 날 우연히 푸코의 『쾌락의 활용』을 뒤적이다가 '존재미학'이라는 표현을 발견했다. 재미있는 것은 내가 언젠가 그 책을 이미 읽었고, 책의 중요한 구절에는 느낌표와 함께 이미 밑줄까지 그어서 있다는 것이있다. 도대체 나는 무엇을 읽고, 무엇을 느꼈던 것일까? 정작 그 책의 가장 중요한 부분이 최초의 독해에서는 전혀 눈에 들어오지 않았던 것이다. 어쩌면 이렇게 완벽하게 못 볼 수가 있을까?

첫 번째와 두 번째 독해 사이에 변한 것은 무엇일까? 그 사이에 비트겐슈타인을 통해 근대적 에피스테메의 한계에 대한 인식을 갖게 되었던 것이 아마 책을 보는 눈을 새롭게 해주었던 모양이다. 문제가 된 것은 '미의 이데아'를 논하는 플라톤의 『향연』에 대한 푸코의 독해였다. 새로운 시각으로 이 부분을 읽으니, 플라톤에 대한 근대미학의 독해가 가린 맹점이 눈에 들어왔다. 이 발견은 이제 탈근대의 관점에서 근대적 에피스테메에 따라 정돈된 미학의 역사를 다시 읽어야 할 필요성에 대한 의식으로 이어졌다.

마침 운이 좋아 월간 『우리교육』에서 미학 에세이를 써달라는 청탁이 들어왔고, 미학사를 다시 읽겠다는 구상은 10회에 걸친 연재를 통해 지금 이 모습으로 실현됐다. 잡지사 측에서는 미학을 주제로 한 가벼운 읽을거리를 요구했기에, 탈근대의 관점에서 미학사를 다시 읽는 내 작업은 딱딱한 논문이 아니라 '에세이'의 형태를 띠게 됐다. 미학에 대한 지식이 전혀 없는 독자들은 자주 등장하는 원전의 인용과 그에 대한 코멘트를 좀 딱딱하게 느꼈다고 한다. 하지만 전문적 독해와 대중적 오락의 두 목표를 동시에 만족시키는 데에는 이 형식밖에 다른 길은 없었다.

교정을 위해 다시 들여다본 원고에는, 뭐랄까, 어떤 '정조' 같은 것이 담겨 있었다. 다시 읽어보니 이 글을 쓰던 당시의 기분, 정서, 감정들이 다시 밀려온다. 멜랑콜리? 그 사이에 내 마음도 강팍해져 이 정서들 중 어떤 것은 이제 감정의 과잉으로 느껴진다. 그런 구절들은 감정의 톤을 누그러뜨려 좀 더 냉정하게 들리게 수정했다. 그 밖의 부분에는 손을 대지 않았다. 세세한 부분으로 들어가면 생각이 달라진 부분도 있고, 지금은 더 정확하게 쓸 수 있는 부분도 있지만, 철학에서 미학으로 문제의식을 서서히 옮기던 시절, 내 사유의 기록으로 그냥 남겨두기로 했다.

2003년 5월 진중권

차례

제2판 서문 : 005
제1판 서문 : 013

1 미와 에로스: 존재미학 : 019
2 피그말리온의 꿈: 미메시스의 근원적 의미 : 045
3 헤라클레스의 돌: 예술의 디오니소스적 특성 : 069
4 말의 힘: 미와 숭고의 대립 : 093
5 메갈로프쉬키아: 위대한 영혼, 디오게네스 : 115
6 죽어가는 것들: 신체의 억압과 부활 : 143
7 옛것과 새것: 이성의 독재에 대한 투쟁 : 167
8 물, 불, 공기, 흙: 자연의 숭고 : 191
9 자연의 결함?: 자연미 Vs. 예술미 : 217
10 앙겔루스 노부스: 역사의 천사 : 245

닫는 글 : 259

참고문헌 : 262
도판 목록 : 264
찾아보기 : 268

1

미 와 에로스

: 존재미학

> 에로스가 그런 것이라면,
> 그가 인간에게 어떤 이로움을 주지?
> ─플라톤, 『향연』 204d

장-레옹 제롬, 「배심원 앞의 프리네」, 1861

저 아름다운 여인은 빈민의 가정에서 태어난 창부 프리네^{Phyrine}다. 기원전 4세기경에 살았던 이 여인은 말이 '창부'지 값싸게 몸을 파는 여자는 아니었던 모양이다. '창부^{hetaira}'라는 말은 당시 '아비뇽의 처녀'가 아니라 기혼 명사들의 애인 역할을 했던 교양 있는 여인들을 가리켰다고 한다. 이들은 결혼을 하지 않고 독신으로 지냈는데, 이는 자기들의 자유와 재산을 가부장제하의 노예 생활과 바꿀 의사가 없었기 때문이었다고 한다. 그 시대의 페미니스트라 할까?

어쨌든 소녀와 같은 청순함에 지성까지 갖추고 있었던 프리네는 당시의 시인, 사상가, 정치가와 갑부 들의 마음을 사로잡고 애타게 만들었다고 한다. 당대의 메릴린 먼로(물론 +지성), 고대의 섹스 심볼이었던 셈이다. 얼마나 아름다웠던지 그 유명한 조각가 프락시텔레스가 「크니도스의 아프로디테」 신상을 제작할 때 모델로 삼은 것도 저 여인이었다고 한다. 미의 여신에게까지 제 형상을 빌려 준 이 여인의 모습을 보려면 지금 국립 로마 미술관에 가면 된다.

어느 시대에나 고매한 도덕주의자들은 있기 마련이어서, 그 시대에도 성적 매력을 뽐고 다니는 이 여인의 향기를 증오하던 사람이 있었다. 왜 그랬을까? 구애를 했다가 거절을 당해서? 알 수 없다. 에우티아스라는 도덕주의자가 이 아름다운 여인을 '신성모독'으로 법정에 고발했다. 엘레우시스의 '신비극'을 할 때 거기에 모인 사람들 앞에서 그녀가 제 알몸을 드러냈다는 것이다. 왜 그랬을까? 알 수 없다. 어쨌든 이 경우 헬레니즘 시대 그리스에서는 대개 사형 선고를 받게 되어 있었다고 한다. 이때 프리네의 전 애인이었던 히페레이데스가 그녀의 변호를 맡고 나선다. 그가 가진 유일한 논증은 미학적 성격의 것이었다. 그는 프리네의 아름다움에 호소하기로 했다. 그는 마치 신상의 제막식을 하듯이 배심원들 앞에서 여인의 몸을 덮고 있던 천을 갑자기 들춘다. 프리네는 부끄러운 듯 두 팔로 얼굴을 가리고, 순간 배심원들은 신상에 제 형상을 빌려주었던 저 여인의 눈부신 아름다움에 경악을 금치 못한다. 오, 저 아름다움을 우리는 신의 의지로 받아들이자. 저 자연의 총아는 선악의 피안에 서 있는 것이다. 저 신적인 아름다움. 그 앞에서 한갓 피조물이 만들어낸 법이나 기준은 그 효력을 잃는다. 판결은 내려졌다. 무죄!

프로이트식으로 얘기하면, 여기서 우리는 절시증 voyeurism, 즉 훔쳐보기의 욕망을 볼 수 있다. 남의 몸매를 감상하는 저 배심원들. 특히 왼쪽 구석에 앉아 있는 에우티아스를 보라. 히페레이데스는 천으로 이 비열한 고발자의 시선을 막음으로써 신적인 아름다움을 훔쳐

이폴리토 부치, 4세기 프락시텔레스가 제작한 「크니도스의 아프로디테」의 로마 시대 복제품

앙겔루스 노부스

보는 특권을 이 도덕주의자에게만은 유보한다. 목을 길게 빼고 시선을 천 너머로 던지려는 에우티아스의 안타까운 표정.

다른 한편, 여기에는 노출증의 욕망이 있다. 공공장소에서 옷을 벗은 프리네. 지금 다시 배심원이라는 이름의 사내들 앞에 알몸을 드러내고 있다. 그녀의 팔은 수줍은 듯 얼굴을 가리나, 그것이 남에게 보이고 싶은 은밀한 욕망까지 가리지는 못한다. 절시증과 노출증의 결합.

미와 에로스

하지만 내가 하려는 얘기는 그게 아니다. 내 얘기는 '미학'이라는 학문이 등장하기 2,000년 전에 이미 '미'에 대해 깊은 사색을 했던 한 철학자의 책 얘기다. 소크라테스의 제자였던 사람. 일찍이 극작가를 꿈꾸었으나 소크라테스를 만나 철학자가 되어야 했던 사내. 그러나 철학을 논할 때도 희곡을 쓰듯 대화체를 사용했던 문장가. 글쓰기를 하지 않았던 스승의 말을 우리 시대에까지 전해주는 전달자. 스승이 독배를 마시던 날의 풍경을 생생하게 전해주는 기록자. 후에 아리스토텔레스를 가르쳤던 위대한 스승. 플라톤.

근데 그 얘기를 왜 에로틱 예술로 시작하는가? 내 책임이 아니다. 플라톤이 '미'의 본질을 설명하는 데에 난데없이 '에로스'를 끌어들이기 때문이다. 난데없이? 아니, 그럴 만도 하다.

이 세상에 아름다운 것은 수없이 많겠지만, 사실 인간의 신체만큼 아름다운 것이 어디 있단 말인가? 헤라클레이토스가 말하지 않았던가. "가장 아름다운 원숭이도 인간만큼 아름답지는 못하다." 그럼. 그래서 침팬지들이 우리한테 얼마나 열등의식을 갖고 있는데, 그러하거 늘 그토록 아름다운 인간의 신체를 어찌 사랑하지 않을 수 있으리오. 소크라테스의 말대로 가장 아름다운 것은 또한 가장 사랑스러운 것이 아니겠는가.(『고르기아스』 506d)

프리네가 제 형상을 빌려준 여신은 '아프로디테', 즉 미의 여신이었다. 고대인들은 '미'와 '사랑'을 늘 묶어서 생각했기에, 아프로디테도 늘 에로스를 시종으로 데리고 다녔다. 언제부터? 미가 탄생하던 그날부터. 아프로디테가 태어나던 날, 신들이 축하연을 벌였다. 포로스(=부, 풍요)도 이 자리에 참석했다. 넥타를 마시고 취한 그가 정원에 아무렇게나 엎어져 잠이 들었을 때, 마침 대문 밖엔 페니아(=가난)가 '뭐 얻어먹을 게 없을까' 해서 기웃거리고 있었다. 가난에 한이 맺혔던 페니아, 이 틈을 타 슬쩍 그의 곁에 눕고, 이렇게 태어난 아기가 에로스였다. 에로스가 아프로디테의 동반자가 된 건 이 때문이었다. 아프로디테의 생일날 만들어진 아이니까.(『향연』 203)

풍요와 가난의 사이에서 태어난 아이, 에로스는 중간자다.

"그는 불멸자도 아니고 가멸자도 아니에요. 하루 만에 번성해 (……) 잘 살다가 금방 시들어 버리지요. 그랬다가도 아버지의 본성에 힘입어 되살아나지만 그가 얻은 것은 금방 다시 흘러나가 버리지요. 그래서 그는 부자도, 가난뱅이도 아니지요."(203d)

무슨 얘기일까? 이를 우리는 탄생과 소멸을 영원히 순환하는 인간 삶의 상징으로 읽기로 하자. 겨울에 죽은 모든 것이 봄에 푸르게 되

브론치노, 「비너스의 승리의 알레고리」, 1540~45

이 그림에서 우리는 성인 남녀가 미성년의 성년에 대해 갖는 태도, 소년에의 욕망을 읽을 수 있다. 로마 신화에서는 비너스(아프로디테)가 큐피드(에로스)의 어머니로 상징된다. 이처럼 이탈리아 화가들은 가장 큰 터부였던 근친상간의 욕망까지도 표현하는 대담성을 갖고 있었다.

미와 에로스

살아나듯이, 인류 역시 끊임없이 죽으면서 에로스를 통해 영원히 삶을 지속한다. 에로스는 유한한 인간의 생명을 무한으로 끌어올리는 생식의 힘이다.

에로스는 중간자다. 가난한 어미의 피를 받은 그는 맨발로 다니고 하늘을 지붕 삼아 잠들며 늘 결핍 속에 살지만, 풍요한 아비의 고귀한 피를 받았기에 선과 미를 그리워하고 진리를 사랑한다. 지의 사랑(philos+sophia), 그는 곧 철학의 정신이다. 모든 것을 아는 신은 철학을 할 필요가 없다. 진리를 알 필요를 느끼지 못하는 우둔한 자들 역시 철학을 할 필요가 없다. 하지만 에로스는 지와 무지의 중간자. 그리하여 그는 끊임없이 지知를 그리워하고 사랑한다. 에로스는 인간으로 하여금 진리를 추구하게 만드는 정신적 욕구의 의인화다.

'에로스'에는 이렇게 고상한 면도 있었다. 고대인들에게 에로스는 육체적 생식만을 의미하지 않았다. 그것은 동시에 정신적 생식의 능력이었다. 그리하여 소크라테스가 만났다는 여인이 말한다.

"오, 소크라테스여, 인간의 육체뿐 아니라 영혼도 생식능력을 갖고 있어요. 그래서 때가 차면 우리의 본성은 생식을 하려고 하죠. 하지만 그것은 추한 것 속에서가 아니라 오직 아름다운 것 속에서만 생식을 할 수가 있죠. 신성한 일이에요. 우리 유한한 존재자들에게 뭔가 불멸의 것이 있다면, 바로 수태와 생식이 아니겠어요? 하지만 이는 부적절한 것(=부조화) 속에선 이루어질 수 없죠. 추는 신성함에 적절하지 못하나, 미는 그것과 조화를 이루죠. 따라서 미는 생식을 유발하고 탄생을 돕는 여신이라 할 수 있죠."(206b)

'생식'은 유한한 인간을 불멸로 끌어올린다. 이 도정에서 인간을 이끌어주는 것이 바로 '미'다. 미는 에로스를 사로잡아 인류를 '생식'으로 이끌고, 그리하여 영원한 존속으로 끌어올린다. 프리네의 아름다운 몸매를 보라. "생식을 유발"하지 않는가? 그리하여 "탄생을 돕"지 않는가? 실제로 그녀는 "생식을 유발하고 탄생을 돕는 여신" 아프로디테의 신상이 아니었던가?

그럼 '영혼의 생식'이란 무엇일까? 불멸을 원하는 자들은 "육체적으로 성숙한 다음엔 여자에게"(208c) 가면 된다. 하지만 정신적 생식을 하려면 누구에게 가야 한단 말인가? 또 영혼의 생식으로 어떻게 아이를 낳을 수 있단 말인가? 디오티마는 이렇게 대답한다.

"영혼의 생식과 수태라는 말에 적절한 것이 무엇이 있겠어요? 인식과 그 밖의 미덕이 아니라면. 그것을 낳는 사람은 시인일 수도 있고, 장인(=예술가)들 중에선 창조적이라 부를 수 있는 사람들이겠죠. 나아가 가장 크고 아름다운 지식은 도시국가의 질서와 재정에 관한 것이겠죠. 지성과 정의라는 이름의 지식."(208c)

영혼의 생식으로 낳을 아이는 시와 예술작품, 법률과 같은 정신적 가치라는 것이다. 그리하여 육체의 생식이 자손을 통하여 인간을 불멸로 이끌듯이 호메로스, 헤시오도스와 같은 위대한 시인들은 "그들에게 불멸의 명성과 기억을 가져다준 자식들을 남겼"(209b)으며, 솔론과 같은 성지가도 자기에게 명성을 안겨준 그 법률을 통해 불멸에 이르렀던 것이다. 재미있는 것은 그다음이다.

"젊어서부터 영혼 속에 이를 성숙시켜온 사람은 신적인 사람이고 또 자신의 때가 오면 생식을 원하기 때문에 여기저기 돌아다니며 그 안에 생식을 할 '미'를 찾게 되죠. 그렇지 않아요? 왜냐하면 '추' 속에는 생식을 하려고 하지 않을 테니까요. 아무래도 그는 추한 몸보다 아름다운 몸에 더 끌릴 테고 (……) 아름답고 고상하고 훌륭하게 자란 영혼을 만나면, 이 전인全人에게 강한 매력을 느끼게 되겠지요. 그러면 그는 그 아이를 상대로 끝없이 미덕에 관한 얘기를 해주고 (……) 훌륭한 사람이 되려면 무엇을 추구해야 할지 가르쳐 주며 그를 교육시키려 애쓰겠지요."(209b)

고귀한 영혼을 가진 사람이 성인이 되면, 몸과 영혼이 예쁜 미소년을 만나서 영혼의 씨앗을 심으려 한다는 것이다. 말하자면 영혼의 번식을 한다는 이야기다. 다른 말로 표현하면 호모섹슈얼이 된다는 말이다. 여기서 "미 속에 생식을 한다"는 이야기는 위에 나오는 것처럼 미소년에게 지혜와 덕을 가르치는 것만을 의미하는 게 아니다. 거기엔 동시에 아주 자연스럽게 성관계가 따랐다. 헤세의 소설에서처럼 지와 사랑이 양극으로 대립하게 된 것은 먼 훗날의 일이고, 이때만 하더라도 철학과 섹스는 하나였다. 좋은 시절이었다.

칼로카가티아

'향연'의 자리에서 아리스토파네스는 재미있는 얘기를 들려준다. 지금은 '여'와 '남', 두 개의 성性밖에 없지만 옛날엔 세 개의 성이 있었다. 남+남, 남+여, 여+여, 즉 둘(?)이 등을 맞대고 붙어 살았다는 것이다. 둥근 모양의 이 원시인들은 네 팔과 네 다리를 이용해 막 굴러다녔다고 한다. 타당성이 있는 얘기다. 앞으로 옆으로 뱅글뱅글 돌아가는 체조 선수들을 보건대, 팔 다리가 두 개씩 더 달린 자들이 왜 그걸 못했겠는가?

어느 날 이들이 신에게 방자하게 굴자, 화가 난 제우스가 이들을 반으로 갈라놓는다. 그 후 이들은 자기의 반쪽을 그리워하게 되었다는 것이다. 아직도 조심해야 한다. 또 방자하게 굴면 이번엔 제우스가 우리 몸을 또 한 번 잘라 아예 "묘비의 부조浮彫처럼" 만들겠다고 했으니까.

여기서 우리는 당시 그리스엔 두 개의 '성'의 조합으로 이루어진 세 가지 '성애'가 있었음을 알 수 있다. 이성애, 그리고 게이와 레즈비언이라는 두 가지 동성애. 어느 것이든 도덕적 비난의 대상이 되지 않는 자연스러운 것이었다. 심지어 그 자리에 있던 파우사니아스란 사내는, 아이를 낳으려는 목적을 가진 여성과의 관계보다 그런 불순한(?) 목적이 없는 미소년에 대한 사랑을 더 높이 평가한다. 이성애가 '세속의 아프로디테'에 대한 사랑이라면, 소년애는 '천상의 아프로디테'에 대한 사랑이라는 것이다.(181b)

에로스는 "미 속에 생식"을 한다. 아름다운 것 속에 육체와 영혼의 씨를 뿌린다. 육체적 생식은 자손을 낳아 인간을 불멸로 끌어올리고, 영혼의 생식은 지와 덕을 낳아 인간을 불후의 명성으로 끌어올린다. 이렇게 에로스는 타나토스(=죽음)를 이기고 우리를 영원으로 이끈다. "유한자 속에 영원불멸한 것이 있다면 그것은 생식"(206c)이고, 에로스를 생식으로 유도하는 것이 바로 아름다움이다. 그것은 육체의 아름다움일 수도 있고, 영혼의 아름다움일 수도 있다. 양자를 겸

비하면 더욱더 좋다. 가령, 미소년 그리고 영웅. 이 속에서 육체와 영혼의 아름다움, 즉 아름다운 용모와 덕은 하나가 된다. 그것을 그리스인들은 '칼로카가티아kalokagathia'라 불렀다.

에로스는 갈망한다. 자기에게 없는 것을. 그것이 뭘까? 아름다움. 에로스가 왜 아프로디테를 졸졸 따라 다니겠는가? "에로스는 미에 대한 사랑"(203d)이니까. 그리스인들에게 미란 육체의 아름다움('세속의 아프로디테')과 영혼의 아름다움('천상의 아프로디테')을 모두 포괄하는 것이었다. 에로스의 구애 대상은 바로 이 칼로카가티아, 즉 선미善美였다. 이는 또한 그리스인들 삶의 이상이었고, 에로스는 그들을 이 이상으로 이끌어주는 생의 추동력이었다. 따라서 에로스라는 아이는 아름다운 삶을 통해 불멸에 오르려는 그리스인들의 욕망을 의인화한 것이었다.

플라톤의 에로스

'플라토닉 러브'라는 것은 실은 플라톤과 관계가 없다. 왜? 플라톤의 에로스는 육체적 사랑을 포함한 것이었으니까. 심지어 그것은 오늘날 자유분방한 서구에서도 스캔들을 일으키는 페도필리아(=소년애)까지도 포함하고 있었다. 그 점잖은 소크라테스도 대화편의 여러 곳에서 미소년을 보고 느낀 성적 흥분을 굳이 감추지 않는다. 그것은 결코 부끄러운 일이 아니었다. 그렇다면 이 오해는 대체 어디에서 비롯된 것일까? 계속해서 '완벽한 지혜'를 가졌다는 여인 디오티마의 말을 들어 보자.

"이런 개개의 아름다움에서 출발하여 (……) 더 높은 곳으로 올라가는 게 옳겠지요. 계단을 오르듯이 신체 하나의 아름다움에서 두 개로, 두 개에서 모든 아름다운 신체로, 아름다운 신체에서 아름다운 윤리와 관습으로, 아름다운 윤리에서 아름다운 지식으로, 그리고 그 지식에서 마침내 아름다움 그 자체의 인식에 도달하여, 아름다움이 무엇인지 인식할 때까지. 소크라테스여, 이 단계에 이르러야 비로소 생은 인간에게 살 만한 가치가 있겠죠."(211c)

계단식으로 상승하는 이 운동에서 우리는 '추상abstraction'이라는 인식론적 과정을 본다. 하나의 몸에서 모든 몸으로, 여기서 윤리와 관습의 미로, 나아가 눈에 뵈지 않는 학문의 미로, 여기서 마침내 아름다움 그 자체로. 이 아름다움 그 자체를 플라톤은 다른 곳에서 '미의 이데아'라 부른다.

"태양처럼 티 없이 순수하게 빛나는 이 아름다움 그 자체를 볼 수 있다면, 인간의 살과 색과 그 밖의 모든 썩어 없어질 무가치한 것과 섞이지 않은 신적인 아름다움을 그 단일한 형상 속에서 볼 수가 있다면"(211c), 그러면 얼마나 좋을까. 여기서 아름다움은 둘로 나뉜다. 하나는 살이나 색처럼 썩어 없어질 것들과 뒤섞인 세속의 아름다움들. 그리고 그런 무가치한 물질과 섞이지 않은 순수한 아름다움, 색깔도 살 냄새도 없는 단 하나의 신적인 아름다움, 즉 미의 이데아. 이것에 비하면 앞의 것들은 그저 아름다움의 그림자에 불과하리라. 이 신적인 아름다움은 "생성도 소멸도, 성장도 감소도 하지 않고, 이 속에서 아름답다가 저 속에선 추하거나 하지 않고, 지금 아름답다가 잠시 후엔 추

사랑하는 자, '에라스테스'와 사랑받는 자 '에로메노스'가 그려진 붉은 채색의 컵(부분), B. C. 480년경

해지거나 하지 않고, 이렇게 보면 아름답다가 저렇게 보면 추하거나 하지 않고, 여기서는 아름답다가 저기서는 추하거나 하지 않고, 어떤 이에겐 아름답지만 다른 이에게는 추하거나 하지도"(210d) 않는다.

'플라토닉 러브'가 순수한 정신적 사랑을 의미하게 된 건 이 때문이었을까? 그렇다면 그건 오해다. 플라톤의 에로스는 결코 영혼을 위해 육체의 사랑을 지워버리지 않으니까. 아마도 중세 기독교 문명을 거치면서 사람들의 머리에 깊이 각인된 육[肉]에 대한 경멸이 이 텍스트를 읽을 때 선입견으로 작용한 모양이다. 물론 플라톤에게도 중요한 것은 영혼의 눈으로 보는 이데아의 미였다. 그렇다고 그가 육체의 미를 경멸한 건 아니다. 소년애와 미의 이데아 사이에 심연이 가로놓여 있었던 것도 아니다.

"만약 누군가 (이런 덧없는 아름다움에서) 상승하는 가운데 소년에 대한 진정한 사랑을 통해 저 근원적인 미를 보기 시작한다면, 그는 거의 목표에 도달한 거나 마찬가지죠."(210d)

다시 그 앞의 문장을 보라. 한마디로 세속의 미는 상대적이고 가변적이지만 이데아의 미는 절대적이고 영원불변하다는 얘기다. 여기서 감각적 '물질세계'와 영원불멸의 '이데아의 세계'는 대립한다. 하지만 이를 기독교에서 말하는 '세속'과 '천상'의 대립으로 오해하면 안 된다. 기독교에서 에로스는 곧 육욕[肉慾]의 죄였다. 그리하여 중세에 아프로디테는 남성을 유혹하는 '창부'로, 에로스는 인간을 죄에 빠뜨리는 '마귀'로 묘사되곤 했다. 하지만 그리스인들은 이런 대립을 몰랐다.

앙젤루스
노부스

티치아노, 「천상의 사랑과 지상의 사랑」, 1514

기독교 문화가 성적 쾌락을 억압하려 했다면, 그리스인들에게 중요한 것은 미셸 푸코의 말대로 '쾌락의 활용'이었다. 가령 『공화국』을 보자.

"올바른 분별을 가진 사랑이란 질서와 미에 의해 지배되는 현명한 사랑이란 말이지. (……) 그렇다면 올바른 사랑에는 광기나 무절제와 같은 무엇 하나 접근시켜서는 안 된단 말이군."(『공화국』 403b)

문제는 "올바른 사랑" "분별을 가진 사랑" "질서와 미에 의해 지배되는 현명한 사랑"이었다. 그것은 곧 "광기나 무절제"를 피하는 것이다. 왜? 절제를 하지 않으면 에로스의 쾌락이 "영혼을 어지럽"힐 수 있으니까. 그 절제의 원리가 바로 "질서와 미"였다.

이게 '미의 이데아'가 플라톤의 미학에서 발휘하는 역할이다. 그것은 쾌락을 추방하는 원리가 아니라 길들이는 원리였다. 푸코의 말을 빌리면, 그리스인들에게 "진리에 대한 영혼의 관계는 에로스를 그 움직임, 그 힘, 그 강도 속에 세우는 동시에, 에로스가 모든 육체적 쾌락에서 벗어나도록 도와주면서 그것으로 하여금 진정한 사랑이 될 수 있게 해주는 것"이었다.

플라톤의 도덕

그리스에서 인간은 두 부류, 즉 노예와 자유인으로 나뉘었다. 당시에 노예는 '말하는 동물'이었으니, 인간의 본질은 결국 '자유'에 있었던 셈이다. 그 자유는 무절제한 쾌락으로부터의 자유까지를 포함한 것이었다. "인간이 절제하지 못하면 가장 어리석은 동물과 뭐가 다르단 말인가?" 그리하여 소크라테스에게 "최악의 노예 상태는 무절제"였다. 그리스인들에게 "가장 충만하고 능동적인 형태의 자유란 (……) 자기 자신에게 행사하는 권력"이었고, 그래서 가장 왕다운 인간은 자기 자신의 왕인 자였다.(『공화국』 590c)

『향연』은 이런 관점에서 읽어야 한다. 그것은 인간이 쾌락의 광포한 힘을 통제함으로써 진정한 자유를 얻고 자기 자신의 왕이 되기 위한 이론이었다. 그러나 이제까지 『향연』에 대한 해석은 '이데아론'의 인식론적 측면만을 강조해왔다. 계단을 타고 천상으로 올라가버림으로써, 천상이 실은 세속을 위한 것임을 망각해버린 것이다. 가령 중세의 신학은 이데아 세계를 '천국'으로 만들어 세속의 세계, 육욕의 세계와 대립시켰다. 근대철학은 중세의 '천국'을 물려받아 '이성의 공화국'으로 만들어버렸다. 물론 공화국에서 정서, 감정, 욕망, 쾌락은 국경 밖으로 추방되어버렸다.

하지만 푸코의 말대로 그리스인들에게 "진리와의 관계는 개인을 절제적이고, 절제된 삶을 살아가는 주체로 세우는 구조적, 도구적, 존재론적 조건"이었다. 그것은 "개인이 자신을 욕망하는 주체로 인식하고 그렇게 해서 밝혀진 욕망으로부터 자신을 정화하기 위한 인식론적 조건"이 아니었다. 니체까지도 언젠가 플라톤이 마치 기독교 도덕주의의 아버지나 되는 양 비난한 바 있다. 플라톤이 실은 자기가 말하는 "주인의 도덕"을 수천 년 전에 이미 실천하고 있었음을 몰랐던 모양이다. 플라톤이 도덕적으로 부정하게 본 것은 육체적 사랑 그 자체가 아니라, 근원적인 미를 향해 상승하지 않고 거기에만 매달리는 정신적 나약함이었다.

"더 이상 한 소년 혹은 한 인간의 아름다움을 사랑하는 데에 노예처럼 매달리지 않고"(210d)

   그것은 노예의 도덕이다. 이렇게 그리스인들이 도덕적으로 부정하게 여긴 것은 "쾌락에 수동적"인 것이었다. 그들에게 절제의 미덕이란 "자신의 욕망을 스스로 제어할 수 있는 주인"이 되는 길이었다.
   가부장제하의 남녀관계는 계급관계를 반영한다. 그래서 그리스인들에게 무절제란 노예의 특성이자 동시에 "여자 같은 수동성"을 의미했다. 외적 권위에 대한 복종을 통해 에로스를 씻어버리려 했던 중세와 근대의 성도덕은 "남성적 유형의 활동"을 포기하는 것, 즉 "완전한 자기지배가 아닌 자기포기"였다. 남성에게 부과되는 도덕의 "모델을 처녀성 속에서" 찾게 만드는 이 여성적 도덕을, 그리스인들은 아마 "노예의 도덕"이라 불렀을 게다. 몰취향의 무절제와 자학적 금욕은 노예가 가진 도덕의 두 얼굴인지도 모른다.

존재미학

   푸코의 말이 맞다면, 그리스인들에게 "진리와의 관계는 기독교적 정신성의 경우처럼 욕망의 해석학"이 아니라 "존재의 미학으로 나아가는 길"이었다. 이 존재미학은 추상적 이론이 아니라 "생활 태도"였다. 사회적으로 고정된 도덕의 눈치를 보며 거기에 맞취 수동적, 자학적으로 행위하는 게 아니라, "질서와 미"의 원리로 자신을 지배하며 쾌락을 능동적으로 활용하는 능력과 수완이었다. 영혼과 육체의 두 가지 차원에서 "존재론적 재생"을 하는 기술, 즉 존재를 영원으로 끌어올리는 테크네(기술)였다. 그런 능력, 수완, 기술을 체득한 사람의 육체와 영혼은 '아름다움'으로 빛난다. 칼로카가티아.

『향연』은 이데아의 인식론이 아니다. 그것은 무엇보다도 존재의 미학이다. 그것은 삶을 예술로 만들고, 자기의 육체와 영혼을 예술작품으로 만드는 창조의 미학이다. 하지만 근대철학은 인간을 '의식'으로, 욕망을 거세한 차가운 인식의 주체로 만들어버렸고, 그 결과 근대의 미학은 '향수미학'(경험론) 혹은 '인식의 학'(합리론)이 되었고, 근대의 미적 주체는 작품을 수동적으로 바라보는 감성적 인식의 주체(=관람자)였다. 『향연』의 에로스는 다르다. 그것은 우리 모두를 예술가로 만들어준다.

"우리는 흔히 시를 짓는 사람들만을 예술가(=시)라 부르나 실은, 어떤 것이 무에서 존재에 이를 때 (……) 그것은 창작이지요. 따라서 뭔가 만들어내는 온갖 종류의 기술에 복무하는 행위는 창작이며, 그 일을 하는 장인들은 창조하는 정신(=시인)이지요."(205a)

일을 하는 모든 사람이 예술가다.

"또 우리는 흔히 잃어버린 반쪽을 욕구하는 것만을 사랑이라 부르나 실은 선과 행복을 추구하는 모든 욕망이 사랑이지요."(205a)

또 모든 정신적 창조의 욕구가 바로 사랑이다. 끊임없이 상승하는 창조적 에로스. 수동적 관조자가 아닌 능동적인 창조자. 삶의 예술가, 이것이 그리스적 의미의 미적 주체였고, 선과 행복을 추구하는 이 능동적 미적 주체의 이상이 바로 '미의 이데아'였다. 사랑과 창조, 섹스와 선의 결합. 인식론적 미학이 아닌 존재의 미학. 인식론의 에피스테메에 사로잡힌 근대미학이 망각해버린 이 측면을 부활시키는 것—나는 이를 '포스트모던'의 정신이라고 부른다.

낡은 도덕에 얽매인 노예들, 이 도덕주의자들의 고리타분한 설교, 거기에 반발해 포르노 비디오를 찍는 아이들, 이들을 나무라며 영계를 밝히는 그 애들의 애비들. 숨 막힐 듯한 도덕의 압제와 횡행하는 이 무절제. 자학적 금욕주의와 무절제의 과소비. 우리 사회에 횡행하는 이 두 개의 "노예의 도덕"을 보면서 나는 『향연』을 다시 읽는다. 새로운 에토스를 찾아서, 내 자신의 주인이 되기 위해서, '미' 속에서 나를 성적 주체로 세우기 위해서. 육체적, 영적 생식의 주체가 되기 위해서. 신과 인간의 중간자, "위대한 데몬", 내 존재 속의 에로스가 되기 위하여.(202b)

존재미학. 철학과 섹스가 하나가 되어 미를 향해 상승하는 영적, 육체적 생식의 시대. 삶이 예술이 되고, 모든 인간이 예술가가 되는 시대. 그리하여 예술가가 되려고 예술가가 될 필요가 없는 시대. 인간이 창조자가 되어 자기 앞의 생을 예술작품으로 아름답게 만들어 나가는 시대. 우리의 '포스트모던'은 왜 그런 시대를 열지 못하는 걸까?

알브레히트 뒤러, 제바스티안 브란트의 『바보들의 배』에 붙인 삽화, 15세기 말

여기서 아프로디테는 화려한 옷을 입은 창부로 묘사된다. 그의 뒤에 서 있는 해골은 '죄의 값은 사망'임을 암시하고, 에로스의 눈을 가린 것은 정욕의 맹목성을 상징한다.

미와 에로스

2

피그말리온의 꿈

: 미메시스의 근원적 의미

예술이라는 사실을 예술이 감추어버렸노라!
— 오비디우스

장-레옹 제롬, 「피그말리온과 갈라테이아」, 1890

생기가 조각상의 위에서부터 아래로 서서히 흘러 내려가는 것을 보라. 오비디우스의 『변신』에는 재료가 상아로 돼 있으나 제롬은 이를 대리석으로 대체했다. 피그말리온의 신화는 근대 화가들의 상상력을 사로잡았다. 존 번스와 오노레 도미에도 피그말리온을 주제로 한 작품을 남겼다.

"능숙한 솜씨로 그는 놀라운 예술작품을 만들어냈도다. 백설처럼 하얀 상아의 여인, 자연이 결코 산출할 수 없을 그런 여인을. 그는 제 조각상과 사랑에 빠졌노라. 보라, 저 진짜 처녀의 형상을. 살아 있는 것 같지 않은가. (……) 그게 한갓 예술이라는 사실을 예술이 감추어버렸도다. (……) 이게 정말 상아일까? 살아 있는 건 아닐까? 그게 예술작품에 지나지 않음을 인정할 수 없었던 그는 거기에 키스를 하고, 또 그녀의 키스를 받았다고 믿었도다."(오비디우스, 『변신』 X, 247~57)

"드디어 비너스 축일이 왔다 (……) 제물을 바친 후 피그말리온은 제단으로 다가가 빌었다. '신이시여, 그대는 모든 것을 주실 수 있으시니, 아내도 주실 수 있겠지요?' 감히 저 '상아의 처녀'라는 말은 꺼내지도 못하고 그저 겸손하게 빌기를, '그와 비슷한 여인을!' 비너스가 그 기도의 뜻을 알아차리고 축제의 현장에 몸소 나타나셨도다. 신의 은총의 표시로 불길이 세 번 일어나 치솟아 허공에 혀를 날름거렸노라."(X 270~78)

"집으로 돌아와 그는 사랑하는 여인의 조각으로 가서 입을 맞춘다. 아, 온기가 느껴진다. 다시 그녀의 입술에 입을 맞춘다. 두 손이 그녀의 가슴을 더듬자, 저 딱딱한 여인, 상아의 아름다움이 조금씩 부드러워지면서, 손가락 아래서 마치 히메투스의 왁스가 햇빛에 녹듯이 유연해진다. (……) 꿈이 아닌가 의심이 들면서도 너무 기뻐서, 사랑에 빠진 자는 연인의 몸을 만지고 또 만지노라. 정말, 살아 있다! 심장이 뛴다! 손가락 아래 맥박이 느껴진다!"(X 280~89)

마술의 시대

시인 오비디우스가 전하는 피그말리온의 전설이다. 이 모든 게 여인들의 분탕함에 격노한 그가 "진짜 처녀"를 밝히다가 벌어진 일이다. 처녀 밝히는 한심한 수컷들, 어느 사회에나 있다. 피그말리온은 사이프러스의 왕이었다. 당시는 신정일치 사회였으니까 동시에 그는 제사장이었을 것이고, 그렇다면 아마 아프로디테의 사제였을 게다. 그가 왕 노릇 하던 사이프러스 섬엔 아프로디테 신전이 있었다니까. 게다가 그는 조각가였다. 왕이 조각을 한다. 이를 어떻게 이해해야 할까?

옛날엔 원래 그랬다. 그 시절에 예술가와 사제와 통치자는 하나였다. 우리나라도 마찬가지였다. 가령 '단군왕검'은 정치적 군장과 제사장을 함께 가리키는 말이 아니던가. 또 이능화의 『조선무속고』를 보니 옛날엔 '무당'을 '박사' '광대'라 불렀다 한다. 이렇게 과거엔 예술, 종교, 철학이 하나였다. 그러던 게 인구가 증가하고, 기술이 발전하고, 사회가 복잡해짐에 따라, 거기서 점차 세 가지 상징형식이 분화되어 나왔던 것이리라.

사람들이 아직 철학(=과학)을 모르던 시대. 돌멩이가 사람으로 변하던 시대. 사람이 백조로, 암소로, 거미로 둔갑하던 시대. 님프가 월계수가 되고, 아름다운 사람들이 죽어 식물도감을 풍부하게 해주던 시대. 인간이 밀랍으로 만든 날개를 달고 하늘을 날아다니던 마법의 시대. 그 시절엔 아직 가상과 현실 사이에 장벽이 없었다. 가상은 현실로, 현실은 가상으로 자유자재로 자리바꿈을 했기에, 상아로 만든 조각이 받침대 아래로 걸어 내려올 수도 있었다.

현실의 그림자

다음 그림을 보라. 「회화의 발명」. "벽에 비친 그림자의 윤곽을 본뜬 것이 회화의 기원이다." 플리니우스의 『박물지』 (XXXV, 15)에 나오는 이야기다. 조각에 대해서도 비슷한 이야기가 전한다. 한 여인이 연인과 작별하기 전에 벽에 그의 그림자를 만들어 윤곽을 뜨고, 도공이었던 그녀의 아비가 거기에 진흙을 갖다 붙여 부조浮彫를 만든 게 조각의 기원이라는 거다. 동양에도 비슷한 얘기가 있다. 전설에 따르면 석가모니께서 돌아가시기 전에 화가들에게 자기 초상화를 그리라고 시키셨다. 근데 어떤 이유에선지 이들이 도저히 못하

빌헬름 에두아르트 다에게, 「회화의 발명」, 1832

회화의 발명에 관한 고대의 관념을 전하는 작품이다. 그림자 본뜨기가 유행했던 18세기에는 이런 유의 그림이 빈번히 그려졌다고 한다.

앙겔루스
노부스

겠다고 두 손을 든다. 그러자 석가께서 제 그림자를 내주셨다고 한다.

이 전설들의 바탕엔 한 가지 관념이 깔려 있다. 즉, 예술은 '모방'이라는 생각. 그래서 당시엔 '얼마나 실물과 똑같으냐' 하는 게 작품을 평가하는 중요한 기준이었다. 유년기 인류의 왕성한 상상력은 위대한 모방자에 관한 여러 전설을 만들어냈다. 그중의 하나. 제욱시스가 포도 넝쿨을 그렸더니, 참새들이 포도송이를 따먹으러 달려든다. 이를 본 파라시오스가 제욱시스를 자기 아틀리에로 초대한다. 그 정도는 자기도 할 수 있다고. 아틀리에에 도착한 제욱시스가 그에게 그림을 덮은 막을 치우라고 말한다. 그런데 알고 보니 그 막이 그림이었다. 제욱시스는 패배를 인정했다. "나는 참새의 눈을 속였지만, 자네는 나를 속였으니까."(XXXV, 65)

표현과 모방

동양에도 똑같은 이야기가 있다. 가령 솔거. 피그말리온 얘기도 있다. 화룡점정의 전설. 가상과 현실의 차이를 지운다는 점에서 이 두 얘기는 통하는 데가 있다. 하지만 양자 사이엔 중요한 차이가 있다. 즉, 화룡점정의 용은 현실의 모방이 아니다. 현실에 없는 짐승이 그림 밖으로 나와 현실이 된 거다. 반면 솔거의 그림은 어디까지나 현실에 존재하는 소나무의 '모방'이다. 그 모방이 너무나 완벽하다 보니 새들이 그걸 현실로 착각했을 뿐, 그건 현실이 아니라 눈속임에 불과했다.

상아로 인간을 만든 피그말리온, 밀랍으로 날개를 만든 다이달로스, 돌로 인간을 만든 헤파이스토스. 이들은 현실을 '모방'하지 않고 창조했다. 반면 제욱시스의 그림은 현실의 '모방', 즉 가상이었다. 아무리 완벽해도 가상은 눈속임$^{\text{trompe l'œil}}$에 불과하다. 그러니 이 두 유형의 창작을 각각 '피그말리온형^{型}'과 '제욱시스형^{型}'이라 부르며 구분하기로 하자. 시기적으로 보면 '피그말리온형'이 '제욱시스형'보다 앞선다. 왜? 피그말리온의 창작은 '마법의 시대'에 속하나, 제욱시스의 전설은 현실과 가상 사이에 장벽이 쌓인 다음의 일이기 때문이다.

역설적으로 들리겠지만, 아마 제욱시스의 '모방'이 피그말리온의 작품보다 실물에는 외려 더 가까웠을 게다. 왜? 마법에서 모조와 실물의 '유사성'을 보장하는 건 인간의 상상력이니까. 가령 무당이 주술에 사용하는 인형은 실물과 별로 안 닮았다. 그래도 주술적 상상력을 통해 그걸로 얼마든지 실물을 지배할 수 있다. 그러니 굳이 악 쓰고 닮을 필요가 없다. 실물과 닮으려는 욕망은 외려 상상력이 합리적 사유에 억눌리는 시대, 그리하여 '가상'과 '현실'이 분리되는 시대의 산물이다. 가상이 현실에서 분리될수록 둘을 다시 연결하고픈 인간의 욕망도 그만큼 강해지고, 그럴수록 화가들은 더욱더 눈속임에 집착하게 되었을 게다.

이 두 유형의 창작에서 우리는 미학사에서 끊임없이 반복되는 두 관념, 즉 표현론과 모방론의 대립을 본다. 피그말리온은 현실을 모방하지 않았다. 하긴 현실 속엔 그가 모방할 만한 "진짜 처녀"가 존재하지도 않았다. 그래서 그는 그걸 직접 만들어야 했고, 신의 은총 아래 구석구석 손으로 더듬어 조각상을 피가 흐르는 생명체로 변환시켰던 거다. 그는 '또 하나의 신$^{\text{alter deus}}$'이었다. 그의 창작은 없던 것을 존재케 하는 '신적' 창조였다. 반면 제욱시스는 새로운 현실을 창조한 게 아니다. 그는 어디까지나 모방자였고, 그런 의미에서 그의 창작은 '인간적' 창작이었다.

알 수 없는 근원에서 형을 끄집어낸 피그말리온의 창작이 '표현'이었다면, 제욱시스의 창작 원리는 가시적 현실을 베끼는 '모방'이었다. 피그말리온의 창작이 신적 근원을 갖는다면, 제욱시스의 창작은 인간적인, 너무나 인간적인 근원을 갖는다. 가령 르네상스의 화가들을 생각해보라. 감쪽같은 눈속임을 위해 그들은 원근법, 색채론, 비례론 등 다양한 과학적 지식을 사용했다. 피그말리온에서 제욱시스로. 여기서 우리는 신화와 마법의 시대에서 과학과 이성의 시대로의 이행을 볼 수 있다. 플라톤은 바로 이 이행기에 살았다.

동굴의 비유

"인간들은 땅 아래 동굴과 같은 곳에서 살고 있지. 햇빛을 향하여 위쪽으로 길게 입구가 나 있고, 동굴의 모든 공간이 이 입구를 중심으로 모여 있다네. 인간은 발목과 목이 사슬에 묶인 채 어려서부터 그곳에 머물게 되는 거지. 그래서 그들은 늘 한 곳에 묶여서 그저 눈앞에 벌어지는 일들만 바라볼 수밖에. 묶여 있어서 목을 뒤로 돌릴 수조차 없으니 말일세. 물론 그들에겐 한 줄기 빛이 있다네. 등 뒤, 저 멀리 떨어진 위쪽에서 타오르는 횃불에서 나오는 빛. 그 불과 수인들의 사이에, 그러니까 수인들의 등 뒤로 길이 있다네. 이 길을 가로막으며 나지막한 장벽이 서 있는데, 마치 야바위꾼들이 길바닥에 세우는 가판대 비슷하게 생겼지."(『폴리테이아』 VII, 514a)

그 장벽 위에 물건들을 올려놓고 이리저리 움직이면, 불빛 때문에 동굴의 벽에는 그림자의 놀이가 생긴다. 사슬에 묶여 뒤를 보지 못하는 수인들은 그저 눈앞의 벽에 비친 그림자놀이를 보며 그걸 '현실'로 알고 살아간다. 뒤의 영사기에서 뻗어 나온 빛이 스크린에 만들어내는 장면에 홀린 관객이 그게 필름의 그림자에 불과하다는 사실을 망각하듯이. 자, 이제 주위를 둘러보라. 이 책, 당신 배 밑의 침대, 머리 위에 빛나는 전등, 어쩌면 이 모든 게 삼차원 아이맥스 영화일지도 모른다. 당신은 지금 그림자놀이 한가운데에 들어와 있다.

그럼 진정한 현실은 어디에? 불빛(=태양)을 향해 난 길을 따라 올라가면 저 천상 어딘가에 있다. '현실'보다 '더 현실적인' 이데아의 세계. 세상의 모든 사물은 천상에 자기의 이데아가 있다. 책의 이데아, 침대의 이데아, 나무의 이데아. 이데아는 단일하고 영원불변하나, 현실이라는 동굴 벽에 비친 그 그림자는 변화무쌍하고 그래서 덧없다. 그것은 참이 아니라 거짓이다. 우리는 이 가짜의 세계에서 참된 세계로 상승해야 한다. 이렇게 인간을 불멸의 이데아계^{界}로 끌어올려주는 게 바로 에로스, 그 힘에 추동되는 애지^{愛知}(=철학)의 정신이다. 그럼 예술은? 그것은 대체 어떤 쓸모가 있을까? 여기서 우리는 그 유명한 『국가』 제10권에 도달한다.

그림자의 그림자

세상을 창조하고 싶은가? 그건 신의 일이라고? 그렇지 않다. 당신도 할 수 있다. 여러 가지 방법이 있는데 그중에서 가장 빠른 방법은 이것이라고 한다.

"손에 거울을 들고 돌아다니는 거라네. 그럼 금방 태양을 만들 수도 있고, 그 밖에 하늘에 있는 것들도 만들 수 있지. 또 대지를 만들 수도 있고, 자네 자신을 만들 수도 있고, 그 밖의 피조물, 도구들, 식물들, 나아가 이름을 가진 모든 걸 다 만들 수가 있지." "하지만 그건 가짜가 아닙니까. 진짜가 아니라." "그렇지. 정확히 지적했네. 화가란 이런 종류의 장인에 속하는 게 아닐까?"(『국가』 X, 596)

여기서 두 가지를 알 수 있다. 먼저 그리스인들에게 예술은 뭔가를 제작하는 기술, 즉 '테크네'였다는 것. 하지만 그것은 가짜 기술, 즉 진짜를 흉내 내는 '모방'의 기술이었다는 것. 그리스인들은 예술을 이 두 개념으로 설명했다. 모방의 기술, 즉 '미메시스'의 '테크네.' 소크라테스는 이어 '침대'의 예를 든다.

"세 가지 종류의 침대가 있다네. 첫째, 완전한 현실성 속에 존재하는 침대. 그건 아마 신이 창조하셨겠지. (……) 둘째는 목수들이 만든 침대라네. (……) 그리고 셋째는 화가가 제작하는 침대. (……) 따라서 화가, 목수, 신이 바로 이 세 종류 침대의 제작자인 셈이지."(X, 597)

여기서 "신이 창조"한 침대란 이데아계에 있다는 침대의 '개념', 즉 이상적 '설계도'를 말한다. 신이 침대의 이데아(=개념)를 만들면, 목수는 이 설계도에 따라 다양한 모양과 크기의 침대'들'을 만들고, 화가는 다시 이 침대들을 베낀 모상模像을 만든다. 한마디로 목수는 세계 제작자를 모방하고, 화가는 이 모방자를 모방한다. 따라서 예술이란 '이중 모방'이다. 이렇게 원상을 두 번 복사한 것이므로 예술은 그림자의 그림자, 진리의 세계에서 두 단계나 떨어진 허위라는 거다.

"모방 기술(=예술)은 진리에서 멀리 떨어져 있는 것이라네. 또 바로 그래서 모든 것을 만들어낼 수 있는 것이겠지. 각각의 대상에서 아주 작은 부분만을 파악하고, 게다가 이 작은 부분이라는 것 자체가 그림자에 불과하니까."(X, 598)

무슨 얘길까? 다시 앞의 그림으로 가보자. 사내가 몸을 움직일 때마다 벽 위의 그림자 모양은 달라질 게다. 사내는 '하나'이나 그림자는 여럿이다. 따라서 각각의 그림자는 저 사내의 아주 작은 부분만 담을 뿐이다. '현실'이라는 그림자도 마찬가지다. 가령 '사내'의 이데아는 하나지만 그 그림자는 여럿이다. 그래서 세상엔 수많은 사내들이 존재한다. 그중 하나인 저 사내는 기껏해야 사내의 이데아, 즉 이상적 사내의 아주 작은 부분일 뿐이다. 그러니 이 작은 부분만을 포함한 저 사내의 작은 부분만을 포함한 예술이란 지극히 불완전한 존재일 수밖에. 이어서 예술에 대한 또 하나의 규정이 등장한다.

"그가 마침 훌륭한 화가라고 하세. 그리하여 목수를 그려 적당히 떨어진 거리에서 사람들에게 보여주면, 아이들과 바보들은 깜빡 속아 넘어가 그게 정말 목수라고 믿어버릴 걸세."(X, 598)

예술은 사람들을 속이는 거짓말이라는 거다. 예술이 '모방의 모방'이라는 것이 예술에 대한 존재론적 규정이라면, 이처럼 예술을 '거짓말'로 보는 건 예술에 대한 인식론적 규정이라 할 수 있다. 어느 쪽이든 예술은 허위다. 그리하여 예술에 대한 판정이 내려진다.

"회화 및 모방 기술 일반은 작품을 제작할 때에만 진리에서 멀어지는 것이 아니라네. 그것은 또한 우리 영혼의 한 부분, 즉 이성적 통찰에서 멀리 떨어진 부분과 밀접한 연관이 있다네. 이 둘의 동맹 내지 우정이 목표로 삼는 것에는 건강하고 참된 것이라곤 하나도 없지 (……) 비천한 것이 비천한 것과 몸을 섞는 격이니, 모방 기술은 그저 비천한 것을 만들어낼 수밖에."(X, 603)

비천한 예술은 우리 영혼의 비천한 부분(=감각)과 짝이 되어 영혼을 타락시킨다는 얘기다. 이것이 그 악명 높은 '예술 검열론'과 '예술가 추방론'의 근거다. 하지만 우리는 그를 이해해야 한다. 마법의 시대는 지났다. '모상'이 현실이 되던 시대도 지났다. 그런데 왜 모상이 존재한단 말인가? 나라를 통치하는 정치술, 책상을 만들어내는 제작술은 실용적 목적이라도 있다. 하지만 그림은? 대체 왜 이 가상이 필요하단 말인가?

예술의 구원

이 곤란함에서 예술을 구원할 순 없을까? 역사적으로 두 길이 있었다. 먼저 신플라톤주의적 방법. 가령 제욱시스는 헬레나상을 조각할 때 다섯 명의 여인을 모델로 세워 그들의 가장 아름다운 부분만 따서 조각상 안에 미적 종합을 했다고 한다. 이 경우 조각은 현실의 여인들보다 더 아름다워 보일 게다. 이렇게 현실의 불완전함을 보완하기에 예술은 현실보다 미의 이데아에 더 가깝다는 거다. 하지만 그 조각상의 부분들은 결국 현실의 복제다. 그 복제들을 모아놓는다고 그게 어떻게 현실보다 더 아름다울 수 있겠는가?

아리스토텔레스의 방법도 있다. 즉, 예술은 허구이나 그것을 통해 또한 '진리'를 말한다. 일어날 수도 있는 일을 모방하는 예술은 이미 일어난 개개의 사건을 일일이 기록하는 역사학(=연대기)보다 더 보편적이다. 그래서 더 철학적이다. 이것도 맘에 안 든다. 왜? 이 경우 예술은 결국 철학의 아래에 놓이기 때문이다. 사실 '보편성' 하면 개념을 갖고 작업하는 학學을 따라갈 것이 어디 있는가? 이 경우 예술은 기껏 학의 시녀 혹은 학적 진리의 도해가 될 뿐이다.

예술이 이데아를 직접 모방한다고 보는 신플라톤주의적 해석. 그리고 예술을 현실의 모방으로 보되 거기에 역사보다 높은 진리치를 부여하는 아리스토텔레스의 해석. 어느 경우든 예술적 진리는 미리 존재하는 이데아와의 '일치' 속에 놓이게 된다. 그 이데아가 천상에 있건, 아니면 현실 속에 들어 있건, 예술은 언제나 추상적 이데아의 인식인 '학'의 아래에 놓이게 된다. 꼭 그래야 할까? 상상력으로 세계를 '만들던' 신화와 마법의 시대에서 차가운 이성으로 세계를 '파악하

알브레히트 뒤러, 「여인을 그리는 장인」, 『비례론』의 삽화, 1525
여기서 주체와 객체가 첨예하게 분리되기 시작하는 근대의 시대정신을 읽을 수 있다. 자연과 인간이 평등하게 소통하던 시절은 지나고 이제 객체는 주체의 정복 대상으로 이해되기 시작한다.

는' 학의 시대로. 이 상실의 과정에서 예술을 구원하는 길은 없을까? 예술에 추상적 이데아의 인식이 아닌 다른 종류의 '진리'를 부여할 순 없을까?

미메시스

그전에 먼저 예술을 인식으로 환원시키는 견해가 어디까지 갈 수 있는지 보자. 위의 그림을 보라. 그는 지금 원근법 실험을 하고 있다. 한편엔 대상, 다른 한편엔 그걸 모방하는 뒤러가 있다. 완벽한 모방, 대상의 완벽한 지배를 위해 그는 과학을 동원한다. 르네상스의 화가들은 예술을 저렇게 과학으로 이해했다. 과학의 힘

자크-루이 다비드, 「알렉산더 앞에서 캄파스페를 그리는 아펠레스」, 1814

미학사에서 자연미와 예술미 중에서 어느 것이 우월하냐는 논쟁이 있었다. 화가는 여기서 자연미에 손을 들어준다. 화가는 자연미에 경탄하면서 모방하기를 포기해버린다.

앙겔루스
노부스

으로 주관(=화가)은 대상(=자연)을 정복한다. 보라. 삼차원의 대상을 평면의 감옥에 집어넣으려는 화가의 태도. 얼마나 공격적인가? 알베르티는 원근법이란 "눈에서 그물처럼 뻗어나간 시선의 그물로 사물을 체포하는 것"이라 말했다. 얼마나 폭력적인가?

다비드의 그림은 고대인들의 자연관을 보여준다. 알렉산더 대왕이 황태자이던 시절의 일이다. 어느 날 그가 화가 아펠레스에게 제 연인을 그리게 했다. 그러나 화가는 여인의 아름다움에 반한 나머지 하체를 그리다 말고 포기한다. 이를 본 알렉산더. 호인답게 화가에게 이 여인을 양보(?)했다고 한다. 보라. 여기서 자연은 정복의 대상이 아니다. 그것은 외려 인식하는 주관을 압도한다. 그림 속의 화가를 보라. 글자 그대로 넋을 잃고 손을 놓았다. '모방'의 포기.

굳이 '모방'을 포기할 것까지 없다. 모방이라는 낱말, '미메시스'의 원뜻을 회복하는 것으로 충분하다. 원래 그리스어에서 '미메시스'란 존재하는 대상의 '모방'을 넘어, 일체의 '감각적 대상화', 즉 눈에 보이는 것을 만들어내는 일체의 행위를 의미했다. 예컨대 피그말리온이 "진짜 처녀"를 만들었을 때, 그것은 현실에 있는 어떤 여인의 모방도, 제욱시스의 헬레나처럼 여러 여체의 종합적 모방도 아니었다. 그것은 현실에 없는 새로운 존재의 '감각적 대상화'였다. 이런 게 미메시스였다.

하지만 후대의 사람들은 '미메시스'를 라틴어 번역어인 '이미타티오 *imitatio*'로 해석했다. 그 결과 미메시스는 대상의 복사로 의미가 축소되고 만다. 사실 플라톤 자신이 이미 '미메시스'를 거의 '이미타티오'의 의미로 축소하여 사용했다. 마법의 시대에서 철학의 시대로. 이 과정에서 이렇게 중요한 손실이 있었다. 말하자면 예술의 본질, 즉 '아직 없는 것을 있게 하는' 능력이 상실되었던 거다. 눈치 빠른 사람은 짐작했겠지만, 나는 지금 하이데거를 통해 플라톤을 읽고 있다. 그의 말을 들어보자.

"신상神像의 경우도 마찬가지다. 그것은 신이 어떻게 생겼는지 쉽게 알 수 있도록 만든 모상에 그치는 게 아니다. 그것이 신을 현존하게 하며, 그것을 통해 신 자신이 존재하게 된다."(『예술작품의 근원』, 111쪽)

신상은 무엇인가? 물론 미메시스, 즉 신의 '감각적 대상화'다. 하지만 '미메시스=이미타티오'로 보는 전통적 모방론은 그게 '신의 모방'이라고 얘기할 게다. 하지만 신이 어디에 있는가? 누가 신을 보았는가? 신상을 만든 조각가는 대체 뭘 모방했을까? 모방론에선 기껏해야 그건 '모델의 모방'이라 할 게다. 하지만 신상이 정말 잘생긴 모델의 모방에 불과한가? 물론 예술가는 신상을 만들 때 모델을 사용했을 게다. 하지만 그게 중요한가? 거기에 예술의 본질이 있는가? 그렇지 않다. 그리스의 예술가들은 신상이라는 작품을 창작함으로써 비로소 '신'을 존재하게 만들었다. 이 신을 모신 신전을 중심에 놓고 그리스인들은 자기들의 삶의 세계를 세웠다. 그들의 모든 삶은 예술작품이 존재케 한 이 신들을 중심으로 짜여 있었다. 생각해보라. 올림피아의 신들이 없는 그리스 문화가 있을 수 있겠는가? 이렇게 예술은 없었던 것을 있게 한다. 새로운 삶의 방식을 만들어낸다. 바로 여기에 예술의 본질이 있다. 예술적 진리가 있다.

다시 피그말리온

미메시스는 '가상'을 만든다. '가상'은 두 가지를 의미할 수 있다. 즉, 현실을 베낀 '가짜' 혹은 현실에 없는 '새로운 것'. 합리적 사유가 시작되면서 현실과 가상 사이엔 장벽이 세워진다. 이 장벽 때문에 가상은 결코 현실이 될 수 없었기에, 그것은 기껏 현실의 모조, 즉 '가짜'가 되어야 했다. 예술가들이 끊임없이 피그말리온을 그렸던 건 아마 이 때문일 게다. 즉, 모방론이 지워버린 본래적 의미의 미메시스에 대한 동경, 예술이 '감각적 대상화'를 통해 없었던 현실을 창조하던 시절의 향수. 이것이 피그말리온의 전설을 이 시대까지 이어온 것이리라.

르네 마그리트의 그림을 보라. 플라톤은 삼차원의 공간을 이차원의 평면으로 환원시키는 회화에서 존재론적 '상실'을 본다. 하지만 여기선 회화가 이차원의 가상으로 삼차원의 현실을 창조하고 있다. 마그리트는 여기에 「불가능한 것의 시도」라는 제목을 붙였다. 맞다. 예술은 불가능의 시도, 즉 가상을 새로운 현실로 만들려는 가당찮은 시도다. 하이데거처럼 이 얘기를 굳이 종교적 심오함으로 포장할 필요는 없다. 그저, 이렇게 생각하라. 예술은 가상의 창조를 통해 우리로 하여금 세계를 새로운 눈으로 보게 해준다. 그로써 우리의 가치관, 세계관, 삶의 태도를 바꾸어 놓는다. 이게 새로운 사회적 현실의 창조로 이어지면, 이때 예술적 가상은 정말 현실이 된다.

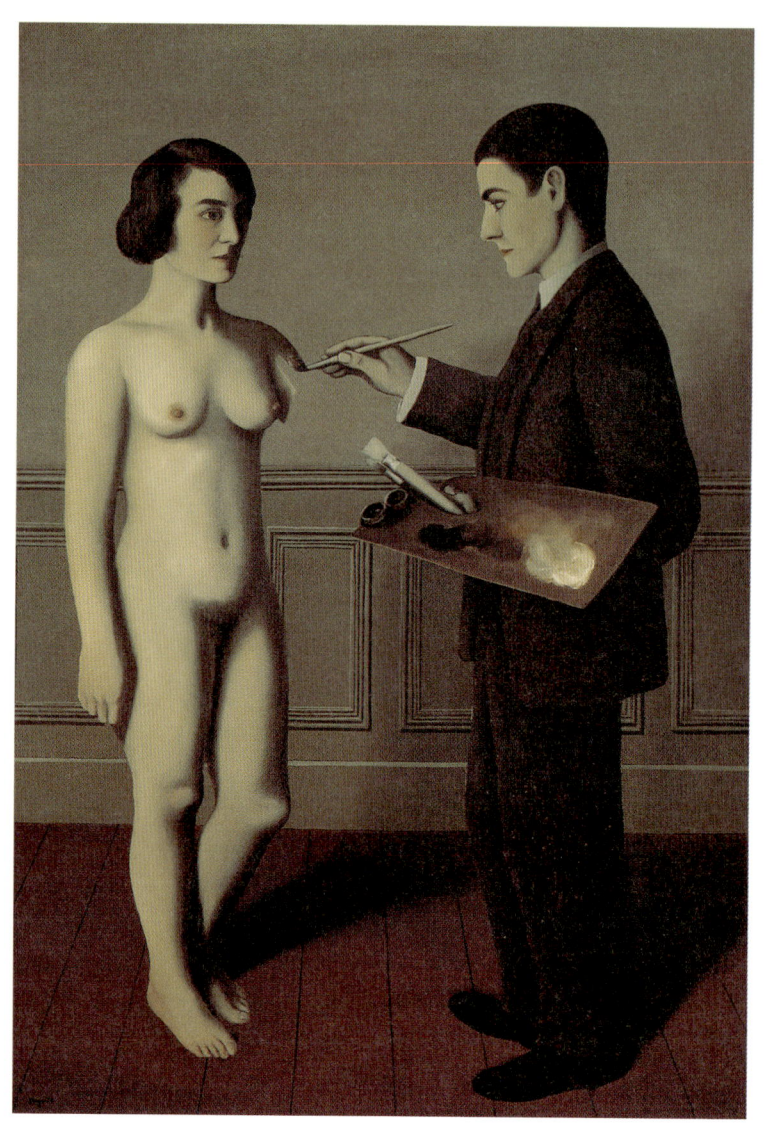

르네 마그리트,「불가능한 것의 시도」, 1928

마그리트는 3차원 조각의 자리에 2차원 회화를 바꾸어 놓았다. 그는 이런 식의 '환입'을 통해 초현실적인 분위기를 가진 작품세계를 창조해냈다.

미메시스의 정신

 마지막으로 카를로 마리아 마리아니의 작품을 보자. 어떻게 이해해야 할까? 이는 에스허르의 「서로 그리는 두 개의 손」처럼 끝없이 순환논법에 빠지는 인간이성의 한계를 표현한 것일 수도 있다. 아니면 하이데거가 말하는 예술의 알레고리일 수도 있다. 즉 "예술가가 작품의 근원이라는 사실은 작품이 예술가의 근원이라는 사실만큼 필연적이며, 또한 예술이 예술가와 예술작품의 근원이 된다는 사실도 확실한 것이다."(『예술작품의 근원』, 79쪽) 그게 마음에 안 들면, 저 두 인물을 각각 주체와 객체, 인간과 자연이라 보라. 그럼 베냐민과 아도르노의 미메시스의 개념에 도달하게 된다.

 근대의 합리주의는 주체와 객체, 인식과 대상, 인간과 자연의 이분법을 낳았다. 주체가 객체를 지배하고, 인식이 대상을 장악하고, 인간이 자연을 정복하여 일방적으로 착취하는 폭력적 관계. 뒤러의 그림을 생각해보라. 그때 시작된 운동이 자연의 수단화를 거쳐 이제 지구 전체를 파괴할 지경에 이르지 않았는가. 옛사람들이 사물에까지 영혼을 부여했다면, 우리는 영혼까지도 사물화한다. 하지만 인간이 동물이 되고, 죽은 자가 꽃이 되고, 무생물이 인간이 되던 까마득한 옛날엔, 인간과 자연은 서로 평등한 관계에서 소통을 했다. 서로를 닮는 미메시스를 했다.

 다시 그 시절로 돌아갈 수 없을까? 그건 불가능할 게다. 그런데 예술은 바로 그것을 시도한다. 과학의 힘으로는 불가능한 그것을. 인간과 자연의 평등한 소통은 오직 예술의 정신, 즉 미메시스를 통해서만 가능하다. 미메시스는 가상을 현실로 전화시킨다. 그리하여

카를로 마리아 마리아니, 「손은 지성에 복종한다(La mano ubbidisce all'intelleto)」, 1983

이 작품은 소위 '트란스 아방가르드'라는 흐름에 속한다. 아방가르드 예술이 구상을 포기하고 대개 비구상의 추상 회화로 흘렀다면, 트란스 아방가르드는 회화를 다시 구상으로 되돌려놓는 복고적 형향을 갖는다. 그림이 그림을 그리는 동어반복을 통해 마리아니는 회화의 본질에 대한 사색을 보여주고 있다.

앙젤루스
노부스

지금은 꿈으로만 존재하는 인간과 자연의 새로운 관계, 양자의 평등한 소통, 아직 존재하지 않는 이 가상이 언젠가는 현실로 존재하게 될 것이다. 그리하여 예술, 미메시스, 피그말리온의 꿈, 우리 시대의 마지막 구원.

3

헤라클레스의 돌

: 예술의 디오니소스적 특성

> 그대의 영혼이 기뻐 춤을 추고……
> ―플라톤

폼페이의 원형극장, B. C. 70년경 건축

로마인들이 이주해 오기 전 그리스인들이 지은 것이라고 한다. 실제로 저 밑에 내려가 음향실험을 해보았다. 결과는 완벽했다. 무대 위에서 내는 조그만 소리가 관중석의 끝까지 별다른 음향 손실 없이 그대로 전달된다.

『이온』은 소크라테스가 호메로스의 가수 이온을 만나 나누는 대화다. 노회한 철학자의 공격에 맞서 시를 방어하느라 쩔쩔매는 젊은 가수 이온. 그의 모습에서 우리는 어렵지 않게 일찍이 시인(=극작가)이 되려 했던 청년 플라톤의 자화상을 본다.

그럼 소크라테스는? 누구겠는가. 그의 입을 빌려 말하는 것은 시 대신 차가운 이성을 선택했던 철학자 플라톤이다. 그리하여 『이온』은 플라톤의 자서전, 그의 영혼의 분열이다.

춤추는 영혼

『이온』의 결론은 간단하다. 시는 합리적 '테크네'(기술=예술)가 아니라 비합리적 '영감'의 산물이라는 것이다. 왜? 만약 시작 詩作 이 테크네라면 보편성이 있어야 한다. 가령 화가나 조각가의 지식은 합리적 테크네이기에, 그들은 제 작품만이 아닌 타인의 작품도 평가할 줄 안다. 그런데 그대는 어떤가? "누군가 다른 시인의 시를 낭송하면 할 말을 잃고 꾸벅꾸벅 졸"다가, "누군가 호메로스를 노래하면, 퍼뜩 깨어 그대의 영혼이 기뻐 춤을 추고, 입이 바빠지지 않는가."(536) 이렇게 "호메로스는 너무나 잘 아는 그대가 어찌하여 헤시오도스나 다른 시인에 대해선 아무것도 모르는가?"(531)

만약 호메로스에 관한 그대의 지식이 합리적 테크네라면, 그것으로 다른 사람의 시도 평가할 수 있어야 한다. 그런데 그대는 그렇게 못한다. 결국 호메로스에 관한 그대의 지식은 후천적으로 습득된 테크네가 아니라는 얘기. 그렇다면 그 지식은 어디서 왔겠는가, 정체 모를 "신적인 힘"이 아니라면?(533) 따라서 호메로스의 시를 노래할 때 그대는 제정신(=합리적 정신)이 아닌 게다. 호메로스의 혼에 사로잡혀 있는 거다. 마치 신들린 영매 靈媒 처럼. 어떤가? 솔직히 말해보게.

"솔직히 말씀 드리죠. 사실 가슴 아픈 대목을 노래할 때마다, 내 눈엔 눈물이 넘쳐흐르고, 끔찍하고 무서운 대목을 낭송할 때는, 공포로 머리칼이 하늘로 뻗치고, 심장은 흥분하여 금방이라도 터질 것만 같지요."(535)

거 봐, 내 말이 맞지. 제 정신이라면 수만 명이 모인 자리에 화려한 옷에 금관을 쓰고 나와 창피하게 울고불고 그 난리를 치겠는가? 그러니 "그대는 테크네를 가진 사람이 아니라 신들린 호메로스 찬미자라네."(542)

카를로 브로기, 「그리스의 비극 시인 에우리피데스」, 19세기

당시의 배우들은 가면을 쓰고 연기했다. 이 가면을 '페르소나'라고 부르는데 오늘날 개인, 인격이라는 뜻의 'person'이라는 단어는 여기에서 나온 말이다.

이성과 광기

『이온』의 이 마지막 문장을 우리는 청년 플라톤이 시에게 던지는 작별의 인사로 읽자. 왜 그는 시인이 되기를 포기했을까? 이유가 있다. 먼저 인식론적 이유. 가령 대화 속에서 이온은 시적인 지식이 있기에 자기가 '장군'이 될 수 있다고 말한다. 전투 장면을 암송할 수 있으니 군대도 지휘할 수 있다는 거다. 이 가소로운 논리는 물론 노철학자의 비웃음만 산다. "시인들은 자기들이 시작詩作의 능력이 있기에 다른 분야에서도 가장 현명하다고 착각하곤 한다."(『변명』 22) 이 주제넘음을 참지 못한 소크라테스. 시인의 지식은 가짜라고 말한다. "그들의 작품은 지혜의 산물이 아니다."(ibid)

둘째는 도덕적 이유다. 『국가』에서 플라톤은 시인들이 신들을 너무 인간적으로 묘사한다고 불평한다. 시 속에 묘사되는 신들이 결점이 너무 많다는 것이다. 가령 명색이 신이 되어서 기껏 질투나 하고 거짓말도 하고 온갖 못된 짓을 저지르고 다니니, 젊은이들이 그걸 보고 뭘 배우겠는가? 따라서 시(적어도 당시의 시)는 비도덕적이다. 이는 그 악명 높은 시인 추방론(『국가』)과 예술 검열론(『법률』)의 근거가 된다.

셋째는 미학적 이유에서다. 가령 그리스인들에게 '미'란 곧 '고귀함'이었다.(『대大 히피아스』). 하지만 시는 고귀한 인간의 격조(=미)에 어울리지 않는다. 가령 대낮에 수만의 사람들 앞에서 창피한 줄도 모르고 울고불고 난리를 치는 자를 어찌 점잖다 할 수 있겠는가? 그뿐인가? 이온의 말이다. "내가 선 무대 높은 곳에서 나는 사람들이 내 낭송의 영향을 받아 울음을 터뜨리고, 분노의 눈빛을 띠고, 경악을 하는 모습을 종종 보지요." 이렇게 극도의 정서적 흥분 상태를 청중에게까지

감염시키지 않는가.

어느 면으로 보나 낭송을 하는 시인과 열광하는 청중의 모습은 플라톤이 생각하는 인간적 이상엔 애초에 어울리지가 않는다. 이성적 판단능력, 도덕적 행위의 능력, 감정의 과잉 표출을 절제할 미적 능력을 가진 인간. 광기에 사로잡혀 극도의 정서적 흥분에 빠져드는 시인의 모습 어느 구석에서 이런 귀족적 인간의 면모를 찾아볼 수 있단 말인가. 그래서 그는 시인이 되기를 포기했던 것이리라.

헤라클레스의 돌

물론 플라톤의 생각이 당시의 일반적 견해였던 것은 아니다. 왜? 내가 아무리 고상한 비평론으로 한국 연속극의 저급함을 모함해도, 텔레비전 앞의 어머니는 한 치 흔들림 없고, 내 박식함과 논증의 치밀함으로도 그 채널을 돌리는 데엔 한 번도 성공하지 못했다. 그때라고 달랐겠는가? 플라톤이 뭐라 경고하든 당시 사람들도 열심히 공연을 보러 다녔다. 혼자서 신화에서 냉철한 이성의 세계로 나아가려 했던 플라톤. 그에게 사람들을 끌어모아 '열광'에 빠뜨리는 시의 힘은 이성으로는 파악할 수 없는 신비한 것이었다. 이성이 좌초하는 곳에서 은유가 시작된다.

"마치 사람들이 '헤라클레스의 돌'이라 부르고 에우리피데스가 '자석'이라 부르는 그 물건과 비슷하다고나 할까? 이 돌은 스스로 쇠고리를 끌어당길 뿐 아니라, 그 고리에도 다른 고리를 끌 수 있는 힘을 나누어주

비극을 연기하는 배우들, 로마 석관의 부조, 240~60년경

어, 쇠붙이와 쇠고리들이 서로 달라붙은 기다란 사슬을 이루게 되지. 하지만 이 사슬 속의 고리들의 끌어당기는 힘은 결국 그 돌에서 나오는 게 아니겠나. 뮤즈도 마찬가지라네. 뮤즈가 먼저 시인들을 신적인 열광 상태로 몰아넣으면, 이들은 다른 사람들을 똑같은 상태로 몰아넣고, 그리하여 사슬이 생기게 되지."(533)

'뮤즈→시인→가수→청중'으로 이어지는 사슬. 공연장의 이 열광적 분위기를 그는 '자기장'에 비유한다. 그때의 '시'라는 건 오늘날처럼 달랑 텍스트만 남은 게 아니었다. 지금의 오페라 비슷한 것이었다. 아직도 고대의 분위기를 연출하는 바이로이트 바그너 축제에선 진한 감동의 눈물바다가 이루어진다. 당시엔 오죽했겠는가? 서사시? 가령 우리나라의 판소리를 생각해보라. 청중도 울고, 연기하던 소리꾼도 울지 않는가. 그리스에서도 마찬가지였다. "울음을 터뜨리고, 분노의 눈빛을 띠고, 경악"을 하고…….

멀쩡한 사람들이 백주 대낮에 연출하는 이 이해할 수 없는 행태. 이 부조리를 불러일으키는 시의 힘을, 그는 '헤라클레스의 돌'에 비유한다. 장사 헤라클레스처럼 공간적으로 떨어져 있는 물건을 끌어당기는 자석의 힘. 당시 사람들에게 이는 이해할 수 없는 신비한 힘이었다. 마찬가지로 천상에서 지상의 시인을 사로잡는 뮤즈의 힘, 사후에도 가수의 입을 빌려 말하는 시인의 힘, 사람들을 주위에 끌어모아 제 감정을 제 몸 밖의 타인들에게 감염시키는 가수의 힘. 이 힘은 플라톤의 합리적 머리론 도저히 파악할 수 없는 신비한 힘, 즉 "신적인 힘"이었다. "자네를 추동하는 건 신적인 힘이라 할 수 있지."(533)

플라톤은 이 힘을 합리적 지식의 체계인 '테크네'와 대비시킨다. "자네가 가진 능력은 진정한 의미의 테크네가 아니라네."(533) "뮤즈의 계시는 뛰어난 테크네에서 나오는 게 아니라 신적인 힘에서 나오는 것이지."(534) "자네가 호메로스를 읊을 수 있는 것은 탁월한 테크네나 진정한 지식이 아니라 신적인 영감과 열광 덕이라네."(536) 뜨거운 영감과 열광은 차갑고 냉정한 '이성'과 양립할 수 없는 법. 그리하여 "열광에 사로잡히면 그(=시인)는 차분한 이성을 모두 잃게 되지. 그것을 갖고 있는 상태에서는 시를 짓거나 예언을 할 수 없다네."(536)

"신적인 힘"은 경계해야 할 어떤 것이다. 왜? 그것은 합리적 이성을 초월한 것이므로. 인간의 이성으로 통제할 수 있는 범위 밖에 있기에, 그 '힘'은 매우 위험한 것이다.

"훌륭한 서정시인의 경우도 마찬가지라네. 마치 코리반트(=자연의 여신)에 사로잡힌 자들이 정신이 나간 상태에서 그 광란의 춤을 추듯이, 서정시인도 맑은 정신으로 시를 짓는 게 아니라네. 하모니와 리듬의 힘에 일단 몸을 맡기면, 그들은 일종의 디오니소스적 도취와 엑스터시에 빠져들게 된다네."(534)

가령 디오니소스(=바쿠스)의 사제들을 생각해보라. 이 광란의 여인들은 오르페우스를 때려 죽인 후 그 시체를 갈기갈기 찢어 그 머리를 헤브루 강물에 던져 버렸다. 하지만 '도취와 엑스터시'에 꼭 야수적 측면만 있는 건 아니다.

"마치 엑스타시의 상태에서만 강물에서 젖과 꿀을 퍼 올리는 디오니소스의 여사제들처럼 (……) 시인들은 자기들이 신비의 정원과 골짜기에 있는 젖이 흘러나오는 샘으로부터 시를 퍼 올려 입에 머금고 우리에게 그것을 날라준다고 말하지 않는가. 마치 벌이 꿀을 나르듯이."(534)

그것은 예술 창작의 알 수 없는 근원이다. 그런 의미에서 '젖과 꿀'처럼 달콤한 것이다. 그 '힘'은 또한 경탄할 만한 것이다. 왜? 그것은 신의 '계시'이니까. 가령 536의 문장 "시를 짓거나 예언을……" 부분을 보라. 여기서 시작은 '예언', 즉 신탁의 능력과 동렬에 놓인다. 플라톤 자신도 이 신비한 능력 앞에선 경탄을 감추지 않는다.

"때문에 신은 사고의 능력을 빼앗아감으로써 시인들을 이용하는 것이지. 점쟁이나 예언자를 자기의 시종으로 부리듯이 말일세. 그리하여 그것을 듣는 우리는 이 귀중한 계시를 선포하는 것은 이성이 결여된 그들이 아니라, 신이 직접 선포자로 나서서 그들의 입을 통해 말하고 있음을 알 수 있는 거라네."(534)

플라톤은 그 "강력한 증거"로 티니코스라는 시인의 예를 든다. 별 볼일 없던 이 시인이 어느 날 갑자기 "시 중의 시"라 할 만한 최고의 걸작을 지었다. 이를 어떻게 설명할 것인가. "뮤즈의 창작"이 아니라면? 그러니 "이 아름다운 시들은 인간적이지도 않고 인간의 작품도 아니며, 신적이자 신의 작품이라 해야겠지. 그리고 시인이란 신들의 통역에 불과하겠지."(534)

여기서 우리는 미학사에서 수천 년간 '모방론'과 대립해온 '영감론'의 가장 오래된 표현을 본다. 물론 이는 플라톤 자신의 견해가 아니라 당시에 널리 퍼져 있던 견해였다. 그는 이 상식을 철학적으로 입증했을 뿐이다. 이 신적인 힘에 그는 애증의 양가치적 감정을 표출한다. 합리적 이성을 초월한 이 '힘'은 위험하다. 그래서 그는 '검열'과 '추방론'으로 인간의 영혼을 오르기Orgie(광란의 주연)로 몰아가는 이 '힘'을 길들이려 한다. 그러나 동시에 이 힘은 "신적"이다. 그리하여 그는 그 위대함에 경탄과 찬미를 금치 못하고, 그 찬사의 시적 아름다움은 심지어 시인인 이온까지도 감동시킨다.

"소크라테스여, 당신의 말씀이 내 마음을 사로잡는군요."(535)

제작술

플라톤의 시적 글쓰기에는 이렇게 아직 신비적 요소가 남아 있었다. 하지만 아리스토텔레스는 다르다. 그의 글쓰기는 철저히 과학적이다. 먼저 시작을 제작술(=시학)로 규정함으로써 그는 "신의 작품"이었던 시에 합리적 분석의 메스를 들이댄다. 그의 스승이 합리적 제작술인 회화와 조각에서 비합리적 영감의 산물인 시를 구별했다면, 그는 '시' 속에서 특별히 신비한 것을 보지 않는다. 시작 역시 다른 예술들처럼 인간의 산물, 그저 합리적 규칙에 따르는 테크네일 뿐이라는 거다.

플라톤은 '완전한 인간'이라는 도덕적 이상에 집착하여 시가 가진

"신적인 힘"을 위험하게 보았다. 격정에서 해방된 '아파테이아apatheia, 無感'의 경지에 도달하는 데에 시가 방해가 된다는 것이다. 하지만 아리스토텔레스는 그런 지고한 이상주의적 목표를 설정하지 않기에, 시의 본질을 설명하는 데에 굳이 도덕적 기준을 사용할 필요도 없었다. 건전한 정신을 위해선 그저 정서적 흥분을 적절한 수준에서 통제하기만 하면 된다. 그리고 외려 시가 거기에 도움을 준다는 것이다.

'시는 모방이다' '카타르시스를 통해 감정을 정화한다' '허구를 통해 진리를 말한다' '역사보다 철학적이다' '사건의 연결은 개연적이어야 한다' '작가의 주관적 개입을 삼가야 한다'. 『시학』의 내용에 대한 설명은 포기하기로 하자. 교과서에 실릴 정도로 대중화된 지식을 반복해 설명하는 게 무슨 의미가 있겠는가? 정작 중요한 것은 이 진부한 명제들 밑에 감추어져 있는 어떤 은밀한 경향을 읽는 것이다.

제의에서 예술로

신적 영감에서 합리적 규칙에 따른 제작으로. 천상의 시를 한갓 지상의 테크네로 끌어내리는 아리스토텔레스의 『시학』속에서, 우리는 그리스 사회가 신화적 세계관에서 점차 '합리적' 사고로 옮겨가는 과정을 본다. 물론 시에 대한 이 관념의 변화는, 원래 '종교'적 의식으로 출발했던 시가 종교성을 잃고 점차 오늘날과 같은 의미의 '예술'로 발전해가는 과정의 반영일 것이다.

아득한 고대의 종교적 축제 속에 등장하는 신(=사제)은 글자 그대로 '신'이었다. 그것은 천상의 신이 지상에 강림하는 것, 즉 신의 재림

에피다우로스의 원형극장, B. C. 4세기에 건축

초기의 '원형극장'은 글자 그대로 '원형'이었다. 그때는 배우와 합창단의 구별이 없이 모두가 오케스트라라 불리는 원형의 마당에서 함께 연기를 했다. 그러나 후기에는 합창단에서 배우가 분리되면서 원형극장도 점차 반원형으로 변해간다. 이제 배우가 오케스트라에서 나와 프로스케니움으로 올라가 연기를 하게 되면서, 모두 함께 어우러지는 종교적 축제였던 연극은 서서히 '예술적 재현'으로 변해간다. 한편 신의 목소리를 대변하는 합창단을 위한 원형의 공간(오케스트라)이 반원형으로 축소해 가는 과정은 시가 디오니소스적 요소를 잃고 합리성에 접근하는 과정으로 볼 수도 있다.

representation이었다. 하지만 축제가 종교성을 잃고 점차 놀이로 변해 가면서, 축제의 신은 한갓 예술적 재현representation으로 여겨지게 된다. 이로써 신은 천상의 진짜 신과 지상의 모조로 이중화되고, 여기서 모방의 진실성 문제가 발생한다. 플라톤이 신의 모습을 왜곡한다고 시인들을 비난하는 건 이 때문이다.

"시인(=호메로스)에게 다른 자는 몰라도 적어도 신이 한탄을 한다고 묘사하지 말라고 말해줘야겠지?"(『국가』 III 388)

사실을 말하면, 아마 호메로스의 서사시 쪽이 역사적 사실에 더 부합했을 것이다. 왜? 프레이저(『황금가지』)에 따르면 실제로 존재했던 신들, 즉 청동기 시대의 영웅들은 플라톤이 생각하는 천상의 고귀한 존재가 아니었으니까. 그들은 온갖 욕망으로 가득 찬 지상의 권력자들이었다. 따라서 거짓말과 모략과 음모쯤은 밥 먹듯 할 수 있었을 게다. 또 개화된 귀족도 아니었다. 문명을 몰랐던 이 야만인들은 아무 거리낌 없이 제 고통과 분노와 절망을 즉자적으로 표출했을 게다.
시인을 비난할 때 플라톤은 실은 전혀 다른 '신'의 개념을 내세우고 있다. 그의 신은 문명화된 신이다. 격조 있는 인간의 모범이 되는 존재다. 사물이 이데아를 모방하듯이 인간은 신을 모방한다. 그런데 시인들은 이 모범을 난봉꾼으로 묘사한다. 그러니 젊은이들이 뭘 배우겠는가? 게다가 이들은 그 가짜 지식으로 국정에까지 간섭한다. 그러니 나라꼴은 뭐가 되고? 그리하여 시와 철학, 시인과 철학자의 대립.
여기서 시인 추방과 철인 정치를 주장함으로써, 플라톤은 신화적 세계관에서 벗어나 합리적 이성에 기초한 새로운 문명을 열고자 했던 것이다.

그럼 아리스토텔레스는? 그는 시인을 비난하지 않는다. 왜? 그럴 필요가 없으니까. '시가 역사보다 더 보편적'이라 규정하는 대목에서 그는 이렇게 말한다.

"여기서 보편적인 것이란, 특정한 성질을 가진 인간은 개연성 혹은 필연성에 따라 특정한 것을 말하거나 행한다는 사실에 있다. 시는 바로 이것을 목표로 삼는다. 비록 인물들에게 고유명사를 부여하지만."(9장)

즉, 극중 인물은 굳이 실존 인물일 필요가 없다. 극 속의 고유명사는 그저 "특정한 성질을 가진 인간", 즉 특정한 성격의 '기호'일 뿐이다. 한마디로 극중 인물은 그저 문학적 '성격' 탐구를 위한 모델일 뿐이라는 얘기다.

물론 다른 그리스인들과 마찬가지로 아리스토텔레스에게도 호메로스의 신과 영웅만큼은 역사적 실존인물이었다. 그렇다면 이 모순을 어떻게 해결해야 할까? 간단하다. 시는 '이미 일어난' 사건을 모방하는 게 아니다. 그건 역사학(=연대기)의 몫이다. 시는 그저 '일어날 법한 일'을 모방할 따름이다. 따라서 실존했던 신과 영웅을 묘사할 때도 굳이 플라톤처럼 '꼭 이래야 한다'는 조건을 만족시킬 필요는 없다. 그저 '그럴 수도 있겠다'는 개연성만 있으면 된다.

이렇게 그는 시인에게 좀 더 많은 창작의 자유를 준다. 시가 '허구'라고 보았기 때문에 그럴 수 있었을 게다. 하지만 플라톤은 그럴 수 없었다. 왜? 그에게도 물론 시는 현실의 '모방'이었지만, 그렇다고 단순한 '허구'는 아니었기 때문이다. 시가 한갓 '허구'라면 그토록 열심히 시인을 비난할 필요가 있겠는가? 여기서 역설적으로 플라톤이 시를 너무 진지하게 보고 있음이 드러난다. 사실 플라톤의 '모방' 개념은 아리스토텔레스가 말하는 개연적 '허구'와 상당히 다르다.

플라톤에 따르면 이 세상의 사물과 거기에 형을 부여하는 천상의 이데아 사이엔 '모방'의 관계가 있다. 그리고 이 '모방'이 가능한 것은 지상의 사물들이 천상의 이데아에 존재론적으로 '참여'하기 때문이라 한다. 결국 원본과 복사, 사물과 이데아는 단순한 재현의 관계에 있는 게 아니라 어떤 신비로운 존재론적 연관을 맺고 있다는 얘기다. 여기서 우리는 어렵지 않게 문명 이전의 '미메시스' 개념을 본다. 한갓 인식론적 '재현imitatio'이 아닌 존재론적 영향을 주고받는 '참여'라는 의미에서 서로 닮기.

'신과 영웅 → 신과 영웅의 미메시스 → 이를 보며 닮는 관중의 미메시스.' 마치 헤라클레스의 돌이 가진 신비한 힘처럼 여기에도 어떤 존재론적 연관이 있다는 것이다. 따라서 사슬 속의 두 번째 고리에서 벌어진 교란은 존재론적으로 심각한 결과를 초래할 수도 있다는 이야기. 때문에 그는 시인에게 한 치의 창작의 자유도 허용할 수 없었던 거다. 이 우려 속에서 우리는 역설적으로 합리적 이성의 세계를 지향했던 플라톤에게 은밀히 남아 있는 주술적 요소를 본다.

공포와 연민

아리스토텔레스는 시를 '개연적인 것의 모방'이라 규정하여 결정적으로 '허구'의 영역으로 옮겨놓았다. 이로써 시가 가진 종교적, 주술적 성격은 완전히 탈각한다. 물론 그와 함께 원본과 복제의 사이를 이어주던 미메시스의 끈도 영원히 끊어진다. 그에게 시는 허구일 뿐이다. 아리스토텔레스는 이렇게 너무나 일찍 근대적이다. 너무나 합리적이다. 그렇다면 플라톤을 사로잡았던 시의 비합리적인 힘, 그 디오니소스적인 효과는 어떻게 다루어야 할까?

시가 불러일으키는 격렬한 정서적 반응을 아리스토텔레스는 '공포phobos와 연민eleos'이라 부른다. 원어에 따르면 '공포'란 급작스런 놀라움, 즉 '경악'에 가깝다고 한다. 연극을 보며 '경악'을 한다는 게 이해가 안 될지 모르겠다. 온갖 허구에 익숙한 우리야 공포영화를 봐도 눈 하나 깜짝 않지만, 그리스인들에게는 재현과 현실 사이의 존재론적 틈이 그리 넓지 않았다. 가령 눈앞으로 열차가 달려드는 영화를 보고 경악하는 뤼미에르 형제의 관객들과 비슷했다고 할까.

'연민' 역시 그저 불행을 당한 이웃을 향한 동정 이상의 것이었다. 우리는 남의 불행을 느낄 때조차도 '감정이입'을 통해 간접적으로 해야 한다. 하지만 개인들 사이에 아직 높은 벽이 없었던 그리스인들은 남의 불행을 거의 직접적으로 느꼈던 모양이다. 말하자면 타인의 불행을 언제라도 내게 떨어질 수 있는 내 불행으로 느끼는 것. 그게 바로 '연민'이었다. 따라서 이 역시 우리의 '동정'과 달리 매우 강렬한 감정 상태였음에 틀림없다.

이 공포와 연민의 감정이 폭발하는 현장의 분위기가 어떠했겠는

「신희극 마스크들과 함께 있는 메난드로스」, A. D. 40~60, 로마 시대의 부조

비극의 마스크 속에서 아리스토텔레스가 말한 '공포와 연민'의 표정을 볼 수 있다. 한편 시학의 2부인 『희극론』은 영원히 소실되고 말았다. 움베르토 에코는 『장미의 이름』에서 이를 중세 말에 일어난 것으로 설정하고 있으나, 문헌학자들의 추정에 따르면 『희극론』이 역사에서 사라진 것은 고대 말의 일이라고 한다.

고대 그리스 비극에서 사용된 장치 '에키클레마(Ekkyklema)'

그리스 비극에서는 잔혹한 장면을 관객들이 직접 맞닥뜨리게 하지 않기 위해 살해하는 장면을 직접 보여주는 대신에, 살해된 시체를 에키클레마라는 수레에 실어 무대로 내보냈다.

가? 그리스의 비극에서 살해 장면과 같이 격렬한 장면이 전령의 대사로 처리되곤 하는 건 이 때문이다. 즉, 그런 장면은 관객들이 심리적으로 처리할 수 있는 한계를 넘어선 것이었기 때문이다. 만약 그런 장면을 무대 위의 연기로 처리했다면 어떤 일이 벌어졌겠는가? 플라톤이 우려하는 것처럼 '점잖지 못한' 정도를 넘어, 아마 정신의학적으로 대단히 위험한 사태가 발생했을 게다.

플라톤의 말투에선 이 디오니소스적인 힘에 대한 공포와 외경의 감정이 느껴진다. 그런데 아리스토텔레스는 이를 너무나 여유 있게 처리한다. '카타르시스.' 즉 이 격렬한 감정을 배설할 때 심지어 쾌감을 느낄 수 있으며, 가끔 그렇게 하는 게 영혼의 건강에 유용할 수가 있다는 것이다. '카타르시스'를 얘기하는 그의 어조는 마치 히스테리 환자에게 처방을 내리는 정신과 의사의 그것을 연상시킨다. 시 속의 디오니소스적 요소는 무서운 병원균이 아니라, 일종의 백신이라는 것이다. 이렇게 그는 시의 비합리적인 힘을 가볍게 이성의 품속에서 길들여 버린다.

    물론 아리스토텔레스가 시작을 전적으로 합리적 테크네로 보았던 건 아니다. 그 역시 "운율을 만드는 법은 가르쳐도 은유를 만드는 법을 가르칠 수는 없다"는 것쯤은 알고 있었다. 하지만 그가 시를 일단 테크네로 만든 이후부터, 시를 합리주의화하는 경향에 가속이 붙는다. 호라티우스는 시를 "쾌락 속에 교훈을 주는" '당의정'으로 만들어버렸다.

    고전주의 시대엔 시작을 몇 가지 고정된 규칙의 리스트(캐넌) 속에 가두는 대감금이 이루어진다. 이어서 레싱은 'phobos'를 가벼운 두려움이라는 뜻의 '공포'로, 'eleos'를 기독교적 이웃사랑, 즉 '연민'으로 옮겼고, 우리는 아직도 이 번역어를 사용하고 있다. 이로써 시가 가진 디오니소스적 힘은 지워지고, 시는 얌전히 길들여졌다.

디오니소스

    근대문명의 한계를 지적하는 '포스트모던'이 종종 고대의 디오니소스적 시 정신(『비극의 탄생』)을 부활시키려 했던 니체에게서 출발하는 건 바로 이 때문이다. 그들은 시가 생생하게 살아 있었던 플라톤 이전의 고대 그리스로 돌아가고 싶은 것이다. 합리성이 지워버린 신적인 힘, 차가운 이성에 억눌린 디오니소스적 열광, 계산과 관찰의 건조함에 밀려난 신적 영감, 한갓 재현의 진리가 아닌 신의 입에서 흘러나오는 계시의 진리. 포스트모던은 그리스적 시의 정신, 디오니소스의 부활이다.

    이성은 인간적 삶을 가능케 해주는 문명을 가져다주었으나, 그 문

사티로스 축제의 참가자들에게 둘러싸인 디오니소스와 아리아드네의 모습이 담긴 프로노모스 크라터의 그림 도해, B. C. 400년경

니체는 그리스 비극 속에서 명랑한 합리적 이성의 상징인 '아폴론'과 비합리적인 광기와 열광의 상징인 '디오니소스'가 행복한 결합을 이루고 있다고 보았다.

명은 시의 감옥이었다. 언제부턴가 이 차가운 감옥에 갇힌 영혼들이 춤추며 그 입이 바빠지더니 디오니소스를 찬양하기 시작했다. 왜? 알 수 없다. 디오니소스의 힘. 그것은 신적이다. 동시에 야수적이다. 그 힘은 위대하다. 동시에 위험하다. 그리고 이 두 측면을 떼어 놓는 것은 불가능하다.

내가 포스트모던의 현상 앞에서 곤혹감을 느끼는 건 이 때문이다. 나는 영혼의 분열을 느낀다. 시를 비난하는 순간에조차도 그 신적인 힘을 동경했던 플라톤처럼. 플라톤은 결국 시와 가슴 아픈 작별을 한다. 난 그를 이해할 수 있다. 너무나 잘 이해할 수 있다.

4

말의 힘

: 미와 숭고의 대립

> 위대함은 청중을 설득시키지 않는다.
> 도취시킨다.
> ― 위(僞)롱기누스

앙겔루스
노부스

자크-루이 다비드, 「소크라테스의 죽음」, 1787

초연하게 죽음을 맞는 소크라테스의 모습에서 우리는 숭고의 예술적 표현을 본다. 왼쪽 침대의 아랫부분에 침울한 표정으로 명상에 잠겨 있는 사람이 바로 플라톤이다. 그리고 주변의 인물들을 보라. 친구들에게 마지막 작별의 말을 하는 소크라테스의 말은 아마 숭고의 또 다른 표현이었을 게다. 그리고 그것이 청중의 마음속에 일으키는 그 파토스를 우리는 그를 둘러싼 주변 인물들의 표정과 제스처에서 읽을 수 있다. 롱기누스는 자신의 고대 모방론을 펴기 위해 플라톤의 글쓰기를 인용한다.

막이 오르면 허공에 바구니가 대롱대롱 달려 있다. 그 안에 들창코에 똥배가 나온 못생긴 노인이 들어앉아 있다. 누군가 그에게 묻는다. "소크라테스여, 그 위에서 뭐하는 겁니까?" 바구니에서 내려오는 소리. "정신은 하늘에 속하고, 육체는 땅에 속하는 법. 정신을 하늘 가까이에 둠으로써 육체의 혼탁함을 벗고 되도록 맑은 정신으로 사유를 하려고……."

그를 찾아온 사내는 낭비벽이 심한 아들놈 때문에 가산을 날리고 빚까지 지게 되어, 지금 법정에 고발된 상태다. 갚을 길은 없고, 이 곤란한 처지에서 벗어나는 유일한 길은 법정에서 이기는 것뿐. 그래서 말 잘하는 소크라테스에게 논쟁술을 배우러 왔던 것이다.

"당신은 머리가 나빠서 안 되겠으니 차라리 아들놈을 데려오시오." 수업을 몇 번 해보더니 소크라테스가 말한다. 대단한 망나니였던

아리스토파네스의 희극 「구름」의 한 장면, 동판화, 1564년 혹은 그 이전

소크라테스가 허공에 걸린 바구니에 앉아 있고, 아버지 스트렙시아데스와 아들 페이디피데스가 논쟁하고 있다.

사내의 아들. 그래도 머리는 좋았던지 금방 논쟁술을 습득하더니 애비 대신 법정에 나가 상대를 가볍게 누른다.

문제는 다음이었다. 이자가 온갖 망나니짓을 해가며, 그 좋은 말솜씨로 그 짓이 잘하는 짓이라고 척척 논증을 하는 게 아닌가. 심지어 못된 짓 뜯어 말리는 애비를 때리는 데에도 이유가 있단다. "세상에 제 아비를 때리는 후레자식이 어디 있냐?" "너도 어렸을 때 나를 때렸잖아." "그건 다 너를 사랑해서 때린 거지." "응, 나도 지금 너를 사랑해서 때리는 거야."

시장의 우상

당시의 그리스 사회는 모든 국사가 자유민들의 토론과 투표로 결정되던 민주주의 시대. 그러니 청중을 설복시키는 수사학(=웅변술)이 시대의 우상이 될 수밖에. 말은 출세의 지름길. 그래

소크라테스(B. C. 469~399), 기원전 3세기 작품의 복제

그는 아테네의 거리와 시장, 체육관 등에서 대화와 문답을 하면서 지냈다. 그의 인격과 유머가 있는 날카로운 논법에 공감하는 젊은이들이 '소크라테스 동아리'를 형성했고, 플라톤도 그 모임에 들어 큰 영향을 받았다. 그러나 B. C. 399년, 신에 대한 불경죄라는 죄목으로 고발을 당해 사형을 선고받아 일생을 마쳤다. 저서를 남기지 않아 플라톤의 『대화』편(주로 초기)과 크세노폰의 소크라테스 관계 저서를 통해 그의 생애와 사상을 알 수 있을 뿐이다.

서 젊은이들에게 말재주를 가르쳐주며 먹고사는 소피스트들이 난무하고 있었다. 아리스토파네스는 자신의 희극 「구름」에서 소크라테스를, 쓸데없는 말장난으로 풍속을 해치는 이 소피스트(=궤변론자) 축에 집어넣는다. 물론 실제의 소크라테스는 소피스트들의 가장 강력한 적대자였지만, 그의 눈엔 소크라테스라고 크게 다르게 보이지 않았던 모양이다. 하긴, 거짓말쟁이가 거짓말쟁이를 거짓말쟁이라 부르는 시대에는 거짓말쟁이든 참말쟁이든 모든 말쟁이에 짜증이 나는 법. 하지만 참과 거짓을 구별할 기준은 있어야 하지 않겠는가. 그리하여 플라톤의 대화편 『고르기아스』. 여기서 소크라테스는 연설가 고르기아스를 만난다. 뛰어난 말재주로 먹고 살던 고르기아스, 감히 소크라테스 앞에서 제 재주를 뽐낸다. 그 말재주가 어느 정도였냐 하면, "종종 나는 의사들과 함께 어느 환자를 방문하곤 했지요. 약을 마시거나 몸에 칼이나 불을 대는 걸 거부하는 사람이었죠. 의사는 그를 설득할 수 없었지만, 나는 다른 기술도 없이 그저 말만 가지고 그를 설득할 수가 있었답니다." 그는 의기양양하게 말을 잇는다.

"만약 의사와 연설가가 어느 도시에 왔다고 합시다. 또 민회나 그 밖의 다른 집회에서 말의 힘으로 누가 선출될지 결정한다고 합시다. 그럼 의사는 아마 아무 주목도 받지 못할 겝니다. 하지만 말 잘하는 사람은 자기가 원하기만 하면 얼마든지 선출될 수가 있죠."(『고르기아스』 456)

이 "말의 힘." 플라톤이 민주정을 혐오한 건 이 때문이었다. 가령 국사를 담당할 공직자를 선출할 때 정작 전문지식을 가진 적격자들이 기껏 말 잘하는 말쟁이들에게 밀려난다면, 나라꼴이 대체 뭐가 되겠는가. 고르기아스가 보기에 수사학은 말의 테크네, 그리고 "말의 힘"은 곧 사람들의 마음을 사로잡아 제 편으로 만드는 '설득력'이었다. 그것도 한두 분야가 아니라 모든 분야에서 힘을 발휘하는 '보편적' 설득력.

"연설가는 그냥 모든 사람에 대항하여, 또 모든 것에 대해서 말할 수가 있고, 대집회에서 마음먹기만 하면 사람들을 제 편으로 끌어들일 수가 있지요."(457)

고르기아스를 공격하는 소크라테스의 논리는 매우 예리하다. 요약하면 이런 식이다.

"그대는 수사학을 '설득'의 힘으로 규정한다. 그리고 과연 그대의 말솜씨는 수많은 사람들을 설득시킨다. 심지어 의사도 설득할 수 없었던 환자까지 설득시키지 않는가. 이렇게 그대는 해당 분야에 관한 지식 없이도 온갖 분야에 다 참견하여 사람들을 설득시킨다. 그럼 생각해보자. 수학자들은 타인을 어떻게 설득시키는가? 그들은 참된 지식(가령 $a^2+b^2=c^2$)으로 설득시킨다. 그들의 설득력은 진리에서 나온다. 하지만 해당 분야에 관한 지식이 없는 고르기아스여, 당신의 말의 그 막강한 설득력은 대체 어디서 나오는 걸까? 글쎄?"

한마디로 수사학은 참된 '지식'이 아닌 한갓 '믿음'에 기초한 설득이라는 얘기다. "따라서 수사학은 옳은 것과 그릇된 것에 관한 진정한 지식이 아닌 믿음에 기초한 설득의 기술이겠지."(455) 물론 "명확한 인식이 없는 그 믿음"은 잘못된 것일 수가 있다. 그것은 위험한 것이다.

자, 여기서 이 논쟁의 구도를 잘 보라. 어디서 많이 본 것 같지 않은가? 그렇다. 소크라테스(=플라톤)가 시인을 비판하던 그 논리다. 가령 자기가 호메로스 서사시에 나오는 전투 장면을 음송할 수 있기에 장군이 될 자격이 있다고 말했던 가수 이온. 시인들도 연설가처럼 해당 분야에 관한 진정한 지식(=테크네)이 없이 그저 그걸 모방할 수 있다는 이유만으로 모든 분야에 참견을 하지 않는가. 심지어 국정에까지.

힘과 설득

소크라테스와 고르기아스의 논쟁 속에는 이렇게 '시와 철학'의 대립이 새로운 형태로 반복되고 있다. 여기서 우리는 기존의 질서에 대한 소크라테스의 투쟁이 얼마나 전면적인 것이었는지 알 수 있다. 신화적 세계관, 이를 대중에게 유포하는 예술, 그리고 대중에게 그릇된 믿음을 심어주는 수사학이라는 언어의 마술. 언제나 그렇듯이 지배질서에 대한 싸움은 늘 위험한 것이다. 위협을 느끼는 지배권력, 그리고 몸에 익은 낡은 관습을 버리고 모든 걸 합리적으로 사유하라는 그 귀찮은 요구에 짜증이 난 대중에게서 언제라도 반격을 받을 수 있는 위험한 도발이다. 실제로 소크라테스는 그 싸움의 대가로 제 목숨을 내놓아야 했다.

『고르기아스』에서 플라톤은 마치 "말의 힘"을 일방적으로 비난하는 것처럼 보인다. 하지만 시인을 비난하는 동시에 시에 대한 애착을 갖고 있었듯이, 플라톤이 대중에게 그릇된 믿음을 갖게 하는 "말의 힘"을 비난할 때, 그는 수사학 자체를 비난한 것이 아니었다. 진정한 수사학과 그저 대중의 감정에만 호소하는 가짜 수사학을 구분하려고 했다고 보는 게 옳다. 그 올바른 수사학의 예를 우리는 『고르기아스』에 등장하는 소크라테스의 연설에서 볼 수 있다. 상대방의 얘기를 듣고 그저 간단한 코멘트를 붙이거나 질문을 제기하는 다른 대화편에서와는 달리, 여기서 소크라테스는 마치 '진정한 수사학이란 이런 거다'를 보여주려는 듯이 유례없이 기나긴 연설을 늘어놓는다. 여기에서 그의 어법은 아름답고 대중의 마음을 휘어잡아 설득을 시키나, 그 설득은 철저하게 합리적 논증에 바탕을 두고 있다. 아마 플라톤이 생각한 진정으로 위대한 연설, 진정으로 위대한 수사학은 바로 이런 것이 아닐까?

하지만 유감스럽게도 난 여기서 소크라테스 편을 들려고 하는 게 아니다. 반대로 그가 사회에 도입한 '합리적 사유'에 밀려 오랫동안 역사에서 자취를 감추어야 했던 어떤 요소를 재발굴하려는 것이다. 플라톤이 수사학을 '설득력'으로 규정했을 때, 그는 이미 수사학의 본질을 상당히 합리화한 것이다. 그렇기에 정치적 연설의 설득력을 수학자의 논증적 설득력과 비교할 수가 있었을 게다. 하지만 고대 수사학의 "힘"은 추상적, 합리적 논증의 힘 이상을 의미한다. 당시 문화 속에서 이는 어쩌면 너무나 자연스러운 것이었기에, 그 힘을 미심쩍은 눈으로 보았던 소크라테스마저 실은 그 힘을 이미 실천하고 있었다.

가령 사형선고를 받고 자신을 변호하는 소크라테스의 연설(『변명』). 거기에는 단지 합리적 논증을 넘어, 좌중을 강력한 파토스의 상태로 몰아넣는 강력한 "힘"이 있다. 특히 『변명』의 마지막 구절, 즉 소크라테스가 산 자들에게 보내는 작별의 인사는 수천 년이 지난 오늘날까지도 독자의 심정에 강렬한 정서적 흥분을 야기한다.

"자, 이제 우리가 가야 할 시간이 왔노라. 나는 죽기 위해, 그대들은 살기 위해. 우리 둘 중 누구에게 더 나은 운명이 기다리고 있을지 우리 모두에게 알려져 있지 않도다. 오직 신만이 아실 뿐."

자크-루이 다비드의 「소크라테스의 죽음」은 이 철학자의 연설이 좌중의 마음속에 불러일으킨 그 강렬한 파토스를 잘 보여주고 있다.

설득이 아니라 도취

"위대함은 청중을 설득시키지 않는다. 그들을 도취시킨다."(179)

흔히 위(僞)롱기누스라 불리는 어느 고대의 저자가 쓴 『숭고에 관하여』에 나오는 말이다. "말의 힘"을 '진리'라 불리는 합리적 논증에 묶어두려고 했던 플라톤이 철학과 미학의 역사에서 합리주의적 전통을 이룬다면, 예수 그리스도와 비슷한 시기에 살았던 롱기누스는 그 전통과 대립하여 온 또 하나의 전통을 대변한다. 그리하여 말의 "힘"을 이성과 합리성의 감옥에서, 그리고 예술의 위대함을 몇 가지 딱딱한 규칙의 목록에서 해방시키려는 투쟁이 있는 곳에는 항상 롱기누스가 마지막 권위로서 버티고 서 있었다. 포스트모던이 '숭고의 미학'을 표방하는 것도 실은 우연이 아니다. 위대한 말, 진정한 예술은 합리적 논증이 아니다. 그 이상의 것이다. 그것은 설득시키지 않는다. 마약처럼 도취시키고 흥분시키고 열광시킨다.

헬레니즘 시대의 그리스에는 세 가지 글쓰기의 양식이 있었다고 한다. 단순 양식, 중간 양식 그리고 숭고 양식. 이 중 글쓰기의 최고 형태로 간주된 것은 당연히 숭고 양식이었다. 이렇게 '숭고'를 최고의 스타일로 보았던 고대의 수사학. 그것은 단순히 문장을 예쁘게 수식하는 기교에 관한 이론이 아니었다. 고대 그리스인들의 '글쓰기의 이상'이자, 글쓰기를 통해 청중이나 독자를 신적인 것에 접근시키고 자신은 그 글쓰기 속에서 정신의 신적 위대함에 도달하려고 했던 그들의 '삶의 이상'이었다.

그리스어에서 '숭고'란 원래 운문과 산문 속의 '위대한 것' '놀라운

파르테논 돌벽에 새겨진 조각의 일부

한 기수가 아크로폴리스로 가는 군중을 향해 연설하고 있다. 아테네 시민들은 모두 자신의 의견을 당당히 발표했다.

앙겔루스
노부스

것' '압도적인 것' '격정적인 것' 등을 의미한다고 한다. 문체론 밖에서 이 말은 위대한 자연 현상, 신의 역사, 그리고 인간 내부의 강렬한 파토스 등을 가리켰다. 물론 숭고라는 말의 외연이 가리키는 이 대상들 사이에는 그리스적 의미에서 미메시스의 관계가 있을 게다. 말하자면 인간을 압도하는 자연 현상, 인간의 운명을 주재하는 신적 섭리의 역사, 그리고 강렬한 파토스와 함께 이 막강한 힘을 예감하는 인간의 영혼. 그리고 이 숭고함에 자신을 열어둠으로써 자신을 신적인 위대함으로 끌어올리는 신비한 미메시스.

숭고의 체험을 그리스인들은 당연히 접신接神이나 신적 열광enthusiasmo과 연관시켜 이해했다. 즉, 이를 인간적 한계를 넘어서는 것에 근원을 가진 어떤 것으로 보았던 것이다. 롱기누스에게도 숭고의 본질은 신적 영감에 있었다.

"많은 이들이 어떤 낯선 입김에 의해 신으로 가득하게 된다네. 마치 사람들이 피티아에 대해서 얘기하는 것처럼 말일세. 그녀는 3피트 정도 갈라진 땅의 틈으로 코를 대고 거기서 나오는 신적 증기를 들이마시지. 그로써 신적인 힘을 받아들이고 그 신적인 입김의 힘으로 지혜의 말(=예언)을 하지 않는가."(187)

그리고 거기에 도달하는 길을 그는 재미있게도 고전의 모방에서 보았다. 빙켈만의 고대 모방론은 이렇게 이미 롱기누스 시절에 벌써 존재하고 있었다. 물론 여기서도 '모방'이란 위대한 고전가의 스타일을 몇 가지 규칙의 체계로 만들어놓고 그대로 베끼라고 요구했던 합리주의 시대의 그것을 의미하지 않는다. 그것은 충만한 의미에서의 고대적 미메시스를 가리켰다.

"그런 식으로 고대인들의 천재성으로부터 마치 신성한 샘에서 물이 흘러나오듯이 어떤 신비스런 영향력이 그 열광자들의 영혼 속으로 흘러 들어가는 거라네."(187)

여기에서 우리는 플라톤의 『이온』에 나오는 그 연쇄반응을 볼 수 있다. 말하자면 '신→시인→가수→청중'으로 이뤄지는 자기장의 효과가 고전가의 모방을 통해서도 발생할 수 있다는 것이다. 따라서 그가 말하는 모방이란 단순히 고전가의 생각이나 문체를 "도둑질"하는 것이 아니라 접신을 하는 순간의 고대의 시인이나 문필가 들의 내적 파토스로 자신의 몸을 내맡기고, 그들과 영적 교감을 하면서 거기에서 영감을 받아서, 하지만 자기 자신의 본성에 따라서 새로운 창조를 하는 것을 말한다.

"그렇게 (고대인의 영감을) 빌려오는 것은 도둑질이 아니라네. 조각 혹은 그 밖의 예술작품 속에 아름다운 형상을 모방하는 것과 비슷한 거지."(187)

그리고 이로써 고전가들이 아득한 고대에 받았던 그 신적 영감을 청중의 마음속에 다시 발동시키는 것. 이것이 롱기누스의 '고대 모방론'이다.

숭고의 글쓰기를 하려는 사람은 다섯 가지를 갖추어야 한다.

그 첫째는 '영혼의 크기 megalopsychia'다. 왜? "숭고는 영혼의 크기의 반향"(182)이기 때문이다. 숭고한 글쓰기는 문체를 흉내 내는 외적 모방의 솜씨로 가능한 것이 아니다. 숭고한 글쓰기를 위해서는 자기 자신이 자연 속의 위대함과 신적인 위대함을 받아들일 수 있을 만큼 커다란 영혼을 가져야 한다. 그리하여 "진정한 연설가는 천박하고 저속하게 생각하면 안 된다." 하긴 "일생 치졸하고 노예적으로 생각하거나 행동하는 자가 뭔가 경탄할 만하고 영원한 가치가 있는 것을 산출하는 것은 불가능"(182)하지 않겠는가.

둘째로 그는 강렬한 파토스를 가져야 한다. 여기서 파토스란 낭만주의자들처럼 과장을 통해 그저 강렬한 주관적 고뇌, 정념, 열정을 표출하는 능력을 말하는 것이 아니다. 롱기누스는 호메로스가 신들을 슬퍼하고 절규하고 한탄하는 존재로 묘사함으로써 "신을 인간으로 만들었다"(182)라며 그를 비난한다(플라톤의 도덕적 비난이 롱기누스에게서는 이렇게 수사학적 비난이 된다). 숭고의 파토스란 묘사의 위대함으로써 자신을 신적 영웅의 수준으로 끌어올리고 동시에 독자나 청중의 마음에 강렬한 영적 파토스를 일으키는 묘사의 능력을 말한다.

그것은 터무니없는 낭만주의적 과장이 아니다. 외려 적절한 도를 벗어난 과장은 위대한 것을 우습게 만들 수가 있다. 가령 "신들의 말이 한걸음에 세계의 끝에 도달했다"라는 호메로스의 묘사를 롱기누스는 가볍게 비꼰다. "그럼 신들의 말이 연속 두 번 뛰면 우주에 남아 닐 공간이 없겠네."(182) 반면 신성한 숭고의 묘사 능력의 예로서, 그는 재미있게도 구약성서의 첫 구절을 든다. "마찬가지로 유대의 입법

자는 이 신적인 힘을 언어적으로 계시했다. 그 법의 첫 부분에 '신이 말했다. 빛이 있으라. 그러자 빛이 있었다. 땅이 있으라. 그러자 땅이 있었다.'"(182)

롱기누스에 따르면 이 두 가지 능력은 타고나는 것이라고 한다. 하지만 이를 낭만주의적 영감론이나 천재론으로 착각하면 안 된다.

"사람들은 말한다. 위대한 본성은 가르쳐지는 게 아니라 타고나는 것이라고. 그리고 거기에는 단 하나의 길, 즉 타고난 자연(=재능)밖에 없다고. 자연(=본성)의 산물을 딱딱한 인위적 기술에 묶어두는 것은 그것을 망치는 길이라고. 하지만 나는 외려 그 반대가 입증된다고 주장한다. 본성은 격정적이고 격앙된 속에서 제멋대로 움직이곤 하나, 그렇다고 자의적으로 아무런 규칙 없이 작동하는 것은 아니다."(179)

그리하여 그는 "천재에게도 가끔 망아지처럼 재갈을 물려야 한다"(179)고 말한다.

이어지는 그의 논의는 천재에 재갈을 물리는, 글쓰기의 합리적 규칙에 관한 내용이다. 롱기누스에 따르면 이어지는 세 가지 요소는 후천적 학습을 통해 얼마든지 습득될 수 있다고 한다. 아니, 더 정확히 말하면 이 세 가지 후천적 규칙의 도야를 통할 때 비로소 타고난 재능도 제값을 발휘한다는 것이다. 이렇게 놓고 보면 그의 이론에는 플라톤에게서 물려받은 영감론과 아리스토텔레스의 테크네론이 종합을 이루고 있는 것이다. 거기에 또한 숭고론. 당시 그리스에서 숭고란 동시에 도덕적 고귀함을 의미했다. 따라서 숭고의 글쓰기를 통해 자연과 신의 위대함을 내적 파토스로 받아들여 자신을 숭고함의 경지로 끌어올린다는 그의 이론 속에는 동시에 자신을 인간귀족으로 끌어올리려는 스토아학파의 이상이 들어 있는 것이다.

아시안과 아티카

롱기누스의 숭고론의 배후에는 물론 당시 미학 논쟁의 구도가 깔려 있다. 헬레니즘 시대의 그리스에서는 두 가지 글쓰기의 스타일이 서로 대립하고 있었다 한다. 규칙 대신 영감을 중시한 아시안파와 엄격한 규칙에 따를 것을 주장하는 아티카파의 대립이 그것이다. 롱기누스는 이 중 아티카파에 속했다고 한다. 그리하여 당시의 아시안 문체의 옹호자들에게 이 아티카의 수사학자는 이렇게 대꾸한다.

"종종 그들은 자기들이 신이 들렸다고 말한다. 하지만 그들은 디오니소스적으로 도취된 것이 아니라 그저 아우성을 치고 있을 뿐이다."

하지만 그렇다고 그가 글쓰기의 예술이 전적으로 합리적인 규칙의 체계로 환원될 수 있다고 본 것은 아니었다. 앞에서 본 것처럼 그가 숭고의 전제조건으로 들었던 '영혼의 크기'나 '파토스'는 결코 합리적 규칙의 체계로 대체될 수 있는 것이 아니다. 그런 의미에서 그는 아시안석 글쓰기와 아티카적 글쓰기의 단순 대립을 뛰어넘는 새로운 글쓰기론을 제시하고 있다고 볼 수 있다.

앙겔루스
노부스

자크-루이 다비드, 「세네카의 죽음」, 1773

세네카는 폭군 네로의 스승이었으나, 네로를 시해하는 음모에 가담한 죄로 네로에게 자결을 명 받고, 발목의 동맥을 절단한다. 그림 속에 동맥에서 흘러나오는 피를 받기 위한 커다란 대야가 보인다.

아시안파와 아티카. 어쩌면 이는 영원한 대립일지도 모르겠다. 왜? 이와 비슷한 대립이 수천 년 후에 고전주의와 낭만주의의 논쟁으로 반복되니까. 단, 근대미학의 역사에서 이 두 가지 흐름의 단순 대립을 뛰어넘는 롱기누스는 아직 나오지 않았다. 포스트모던은 어쩌면 바로 이 유감스런 사실의 역사적 표현일지도 모른다.

숭고의 미학

포스트모던은 숭고의 미학이다. 숭고는 미와 다르다. 아름다운 것을 바라볼 때 우리는 대상의 조화로움을 조용히 관조한다. 그리고 바로 이것이 근대 미학에서 내세우는 예술 수용의 모델이기도 하다. 그리하여 미는 우리의 내면을 고요히 잠재워 마치 맑은 날의 호반처럼 만든다. 하지만 숭고는 다르다. 그것은 우리의 내면에 폭풍우를 일으킨다. 그것은 우리의 마음속에 파토스를 불러일으키고 격렬한 감정의 운동을 야기한다. 감성이든 이성이든 우리의 인식기관과 조화를 이루지 못하고 외려 그것을 일방적으로 압도하는 거대한 것, 위대한 것, 고귀한 것이다. 그리고 앞에서 우리는 관조에 빠지기보다는 차라리 경탄과 경외의 감정을 갖게 된다.

하지만 오늘날에도 과연 숭고의 글쓰기가 가능할까? 나는 포스트모던의 글쓰기를 이 하나의 물음으로 요약한다. 오늘날의 인간들은 더 이상 진지하게 신적인 힘의 역사를 믿지 않는다. 과거에는 자연이 인간을 압도하는 숭고한 현상이었다면, 오늘날의 인간은 고도로 발달한 자연과학의 그 가공할 파괴력을 가지고 외려 자연을 위협하고 있다. 더구나 자본주의적 산문성에 묻혀 사는 현대인의 정신은 고대인과 달리 너무나 냉정하고, 게다가 오늘날과 같은 대중민주주의 시대에 숭고의 도덕적 바탕을 이루는 귀족주의적 이상은 더 이상 적합하지도 않다. 그런데도 과연 이 시대에 숭고가 가능할까?

실제로 20세기에 숭고를 부활하려는 시도가 있었다. 가령 좌우익 전체주의자들의 대중선동을 생각해보라. 설득시키지 않고 압도시키는 "말의 힘." 그것은 숭고하다. 하지만 논리적 설득을 초월한 단순한 "말의 힘"은 동시에 매우 위험한 것이다. 특히 그것이 정치성을 띨 경우에는 더욱더.

최근 우리 사회의 일각에도 비슷한 시도가 있었다. 19세기에 영웅주의를 부활시켜 죽은 독재자를 미화하는 우익적 숭고. 그 반대편에서 시위 중 사고로 사망한 학생에게 '영웅상'을 수여하는 좌익적 숭고. 롱기누스라면 아마 이 두 가지 몰취향을 아시안파와 같은 주관적 감정의 과잉 표출로 보았을 것이다. 나폴레옹의 말대로 숭고가 희극적인 것이 되는 데에는 단 한 걸음밖에 안 걸리는 것이다.

오늘날에도 숭고의 글쓰기는 가능할까? 아마 과거와 똑같은 형태로는 불가능할 것이다. 하지만 자연과 신과 인간의 위대함에 자신을 내맡기고 거기에서 영감을 받아 창조를 하고, 그것을 통해 자신을 고귀한 존재로 끌어올리는 숭고의 글쓰기는 오늘날 그 어느 때보다 필요하다. 제 영혼까지 팔아먹는 천민들이 판치는 세상에서 제 영혼을 위해 제 자존심의 최소한을 지키려 하는 민주주의적 인간귀족들을 위한 존재미학으로서. 자, 하지만 어떻게?

5

메갈로
프쉬키
아

: 위대한 영혼, 디오게네스

우연에는 용기를……
— 디오게네스

라파엘로, 「아테네 학당」, 1510

전성기 그리스의 시대정신을 나타낸 그림. 수학·기하학·자연과학·형이상학으로 표상되는 그리스 철학의 융성기를 다뤘다. 화가는 이 그림에서 철학과 자연과학의 조화로운 발전을 얘기하려 했다고 한다.

문 앞의 두 사내는 플라톤과 아리스토텔레스. 천상의 이데아를 지향했던 플라톤의 손가락은 하늘을 향하고, 현실의 문제를 놓고 철학을 했던 아리스토텔레스의 손바닥은 땅을 향한다. 이들의 손엔 책이 들려 있다. 잘 안 보이지만 플라톤이 손에 든 책은 『티마이오스^{Timaeus}』, 아리스토텔레스의 것은 『윤리학^{Etica}』이다. 하나는 세계의 본질을 논하는 형이상학, 다른 하나는 인간의 지혜로운 처신을 논하는 책. 예술과 신화의 시대에 종지부를 찍고 합리적인 철학의 시대를 열었던 이 두 철학자. 하지만 이 두 사람의 철학은 저 엇갈리는 손의 방향처럼 '하늘'과 '땅'의 대조를 이루고 있었다.

자, 이제 화면 왼쪽 구석을 보라. 늙은 노인이 쭈그리고 앉아 책을 보고 있다. 누구일까? $a^2+b^2=c^2$로 유명한 수학자 피타고라스다. 그 반대편 구석에서는 한 사내가 컴퍼스를 들고 바닥에 도형을 그리고

플라톤의 얼굴(「아테네 학당」의 부분도)(왼쪽)
주세페 보시, 「레오나르도 다 빈치의 초상」, 19세기(오른쪽)

「아테네 학당」 속 플라톤은 레오나르도 다 빈치의 얼굴을 하고 있다. 라파엘로는 고대의 부활을 꿈꾸며 그림 안에 자신의 동시대인들, 르네상스기 이탈리아인들을 배치했다. 오른쪽 그림은 오랫동안 레오나르도의 자화상으로 알려져 있었으나 독일의 미술사학자 한스 오스트에 따르면 이는 19세기의 화가 주세페 보시가 라파엘로의 「아테네 학당」 속 플라톤의 얼굴을 참조해 그린 것이라 한다.

있다. 목욕을 하다가 부력의 원리를 발견하고 '유레카!'라고 외쳤다는 과학자 아르키메데스다. 그러고 보면 전성기 그리스의 시대정신이 여기에 모두 모여 있는 셈이다. 수학, 기하학, 자연과학, 형이상학. 실제로 이 그림을 통해 라파엘로는 철학과 자연과학의 조화로운 발전을 얘기하려고 했다고 한다.

그림 속의 플라톤의 얼굴. 어디서 본 듯하다. 맞다, 레오나르도 다 빈치다. 또 그림 속의 아르키메데스. 그는 도나토 브라만테를 닮았다.

「아테네 학당」의 부분

위의 부분도에서 오른쪽에서 두 번째 인물이 바로 라파엘로 자신이다. 아래 부분도의 여인은 화가에게 각별한 의미를 가졌을 것이라고 추정된다.

앙겔루스 노부스

이렇게 라파엘로는 저 그림 안에 자기의 동시대인들을 배치했다. 고대의 부활을 꿈꾸며 당시의 이탈리아와 고대 그리스를 서로 대응시키려 했던 것이리라. 물론 자신의 모습을 집어넣는 것도 잊지 않았다. 어디에? 찾아보라. 그림 속에서 화가의 자화상을 찾아내는 방법. 등장인물들 중에 그림의 관찰자와 눈이 마주치는 자를 찾는 거다. 자화상을 그리려면 거울을 이용할 수밖에 없고, 그러다 보니 자연스레 눈맞춤이 이루어지는 것이리라.

화면 밖으로 던지는 이 시선을 통해 화가는 그림에 속하면서 동시에 거기서 벗어난다. 그는 어디 있는가? 찾아보라. 피타고라스의 뒤로 밝은 옷을 입고 기념비처럼 서 있는 인물? 하지만 그 사람은 여자이지 않은가? 내가 아는 한 라파엘로는 남자였다. 다시 찾아보라. 아마 힘들 게다. 화면 왼쪽 기둥 옆에서 두 번째 인물, 하얀 옷을 입은 남자의 뒤로 고개를 빠끔히 내민 남자, 그가 바로 라파엘로다. 저 그림 속엔 이렇게 화면에 속하면서 동시에 속하지 않는 인물이 둘 있다. 하나는 저 여인, 또 하나는 화가 자신. 아마도 저 여인은 화가에게 각별한 의미를 가졌던 사람이었을 게다.

창조적 개새끼

하지만 정작 저 장면에 속하면서도 저기에 속하지 않는 사람은 따로 있다. 계단 위에 널브러져 있는 저 괴상한 인물. 바로 디오게네스다. 사실 이 그림의 중심이 되어야 할 것은 플라톤과 아리스토텔레스의 엇갈리는 손의 제스처가 아니다. 외려 이 두 고매

「아테네 학당」의 부분

이데아론을 말한 플라톤의 손가락은 하늘을 향하고, 구체적인 현실을 사유한 아리스토텔레스의 손바닥은 땅을 향한다. 계단 아래 아무렇게 앉아 있는 사람은 바로 '견유주의 철학자', 냉소적인 독설가 디오게네스. 사실 이 그림의 중심은 두 고매한 철학자와 개처럼 계단에 널부러져 있는 저 기인 사이의 대립이다.

앙겔루스
노부스

한 철학자와 개처럼 계단에 널브러져 있는 저 기인 사이의 대립이다. 라파엘로는 이 작품으로 철학과 자연과학의 조화로운 발전을 얘기하려 했다 한다. 하지만 아무리 생각해도 디오게네스는 이 조화 속에 들어가지 않는다.

조화? 당시 플라톤과 아리스토텔레스의 철학은 이미 지식권력이 되어 있었다. 디오게네스에게 중요한 것은 이들과의 조화가 아니었다. 외려 이들과의 창조적 불화였다. 그리하여 권력이 돼버린 이 고매하고 영원한 진리에 그는 마구 냉소와 독설을 퍼부어댔다.

디오게네스의 철학을 흔히 견유주의犬儒主義라 부른다. 글자 안에 들어 있는 '개犬'라는 말은 디오게네스가 자기를 '개'라 부른 데에서 비롯된 것이다. 어느 날 알렉산더가 그를 찾아와 말하기를 "나는 알렉산더, 대왕이다"라고 하자 디오게네스 왈, "나는 디오게네스, 개다." 왜 자기를 '개'라 부르느냐 묻자, "내게 뭔가를 주는 자에게는 꼬리를 치며 반기고, 아무것도 주지 않는 자에게는 시끄럽게 짖어대고, 내게 나쁜 짓을 하는 자는 물어버리기 때문이지."(디오게네스 라에르티오스, 『철학자들의 삶과 가르침』 제6권 「디오게네스」 60)

정말로 그는 개였다. 일정한 거처 없이 통 속에서 살며 주인 잃은 개처럼 남의 것을 얻어먹으며 살았으니까. 어느 날 그가 아고라 광장에서 밥을 먹고 있을 때 사람들이 그를 에워쌌다. 개처럼 공공장소에서 밥을 먹는 그를 향해 사람들은 "개"라고 욕을 퍼부었다. 그러자 대꾸하기를 "식탁 주위를 에워싸고 있는 너희야말로 개다." 어느 날 누군가 그에게 마치 개에게 던져 주듯 고깃덩어리를 던져주고 갔다. 사내가 사라지자 디오게네스는 개처럼 거기에 오줌을 쌌다. 어느 날 아

앙겔루스
노부스

장-레옹 제롬, 「디오게네스」, 1860

메갈로프쉬키아

고라 광장에서 모든 이가 보는 앞에서 자위를 하며 "배고픔도 이처럼 손으로 배를 만져 가라앉힐 수 있다면……."

그는 정말 개새끼였다. 철학을 배우겠다고 찾아온 젊은이에게 그는 소금에 절인 생선을 한 마리 주며 그걸 들고 자기를 따라다니라고 말했다. 젊은이는 생선을 슬그머니 땅에 내려놓고 도망쳤다. 우연히 길거리에서 그를 다시 만난 디오게네스, 빙그레 웃으며 "겨우 생선 한 마리 때문에 우정이 깨지다니……."(36) 그에게 친구가 뭐냐고 물으면, "돈주머니 같은 거라고 할까? 가득 차 있으면 달고 다니다가, 텅 비면 내던져버리는……."(50) 언젠가 그가 플라톤에게 포도주와 말린 무화과를 좀 달라고 부탁했다. 통이 큰 플라톤은 부탁 받은 물건을 항아리에 차고 넘치도록 채워 그에게 보냈다. 그러자 얻어먹는 주제에 한다는 소리, "너는 '2+2는 얼마냐'고 물으면, 20이라고 대답 하냐?"(26)

불편한 개

'견유주의.' 사전을 보니 이렇게 나와 있다. '신랄한 조소, 야비하도록 솔직함, 철면피, 기성 도덕이나 관습에 대한 경멸적 태도.' 물론 이런 태도를 갖고 원만한 사회생활 하기란 애초에 불가능하다. 저 그림 속에 들어 있으면서도 거기에 속하지 않듯이, 그는 사회 안에서 살면서 동시에 사회 밖에서 살아야 했던 것이다. 몸에다 멍석과 식기를 달고 다니며, 신성한 제우스 신전에 앉아 밥을 먹으며, "이 집은 아테네 시민이 특별히 나를 위해 지어준 것 같아……."(22) 그는 개였다. 굳이 어떤 종자냐고 물으면, "사람들이 칭찬을 하나 사

터키의 시노프에 있는 디오게네스의 석상
디오게네스가 몰로스 종으로 보이는 개와 함께 서 있다.

냥을 갈 때는 불편하다고 데려가지 않는 몰로스 종種. 너희들은 나와 함께 살 수가 없지. 그 불편함이 무서워서."(55)

개는 사람들을 불편하게 만드는 재미에 살았다. 어느 날 올림픽 경기를 보고 나오는 길에 누군가 '사람들이 많았느냐'고 묻자 "떼거지는 있는데 사람은 없더군".(60) 목욕탕에서 나오는 길에 '그 안에 사람이 얼마나 있느냐'고 묻자, "사람은 없고 천민들만 있던데."(40) 광장에서 '어이, 사람들'이라 소리치자 사람들이 무슨 일인가 하여 그에게 우르르 몰려왔다. 그러자 이들을 막대기로 마구 내려치면서 "난 사람을 불렀지, 속물을 부른 게 아니라니까." 벌건 대낮에 손에 램프를 들고 길거리를 돌아다니는 그에게 뭐하냐고 묻자, "인간을 찾고 있다네."(41) 옷을 훔치려는 도둑을 향해 "여기서 뭐하는 거야? 전쟁터의 시체들을 털려고?" 한마디로 동료 인간들이 시체라는 얘기. 나무에 교수형을 당한 여인들의 시체를 바라보면서 "모든 나무가 저런 열매를 맺었으면……."(52)

인간혐오증에 가까운 고약한 유머로 사람들의 약을 올리는 재미에 살다가, 결국 고향에서 쫓겨나는 처지가 된다. 시노프의 시민들이 그에게 '추방형刑'을 내렸다는 말을 듣고 태연하게 대꾸하기를 "그럼 나는 그들에게 체류형을 내리노라."(49) 누군가 자기 집의 문에 "나쁜 놈 출입금지"라 써붙이자, 그럼 "집주인은 그 안에 어떻게 들어가려고?"(39) 누군가 성수聖水를 뿌리자 "이 돌대가리야, 성수가 너의 논리적 오류나 도덕적 오류를 고쳐 줄까봐?"(42) 꿈의 해몽에 골몰하는 자들을 향해서는 "깨어 있는 상태의 일에는 관심이 없고, 기껏 꿈속의 환영에만 골몰하다니……."(43)

조반니 베네데토 카스틸리오네, 「진정한 인간을 찾는 디오게네스」, 17세기 중반

화면 왼쪽의 디오게네스가 대낮에 램프를 들고 사람 같지 않은 사람들 틈에서 진정한 인간을 찾고 있다.

누군가 그에게 "대체 너는 신을 믿고 있느냐"고 물었다. 지금으로 따지면 '너 혹시 빨갱이 아니냐'는 질문. 대꾸하기를 "그렇지 않다면 그대가 지금 신의 뜻을 거스르고 있음을 내 어떻게 알겠느뇨?"(42)

주인과 노예의 변증법

언젠가 전쟁에 나갔다가 포로가 되어 필립 대왕의 앞에 끌려 나갔다. 대왕이 "그대는 누구뇨?"라 묻자, "그대의 만족할 줄 모르는 탐욕의 관찰자"(43)라고 한다. 이 말 한마디로 그는 석방이 된다. 항해를 하다가 해적선에 걸려 크레타의 노예시장에 팔려 나간 적도 있었다. 노예상인이 "네가 할 수 있는 일이 무엇이냐" 묻자, 태연히 "사람을 다스리는 일"이라 대답했다. 그러고는 좌중을 둘러보며 "혹시 이 중에 주인을 살 사람이 있는지 물어 보시오."(29) 그러더니 한 사람을 가리키며 "나를 이 자에게 파시오. 이 자에게는 주인이 필요한 것 같소."(74)

노예를 사러 왔다가 졸지에 주인을 사게 된 크세니아데스. 그에게 디오게네스는 자기 말에 따를 것을 요구했다. 주객이 전도된 이 황당한 요구에 크세니아데스가 "강이 근원을 향해 거꾸로 흐르는 격"이라는 옛 속담을 인용하자, 디오게네스는 그를 마구 나무랐다. "병에 걸려 의사를 샀을 때에도 너는 그의 말을 듣지 않고 또 '강이 거꾸로 흐른다'는 둥 엉뚱한 소리 할 거냐?"(36) 이렇게 그의 집에 들어온 디오게네스는 아이들의 교육은 물론이고 집안의 습속을 완전히 바꾸어놓았다고 한다. 그리하여 크세니아데스는 후에 "훌륭한 정신이 우리 집에 들어왔다"(74)고 말했다.

　노예로 팔려가는 주제에 어떻게 이렇게 당당할 수 있었을까? 그가 노예시장에 상품으로 전시되었을 때, 그를 따르는 자들이 그의 몸값을 치르고 그를 다시 자유민으로 만들려고 했다 한다. 그는 이들의 행위를 "순진하다"고 부르며, 이렇게 말했다. "사자는 사육사의 노예가 아니다. 진리는 그 반대다."(75) 그리하여 그는 자유의지로 기꺼이 '사자'로 팔려갈 수 있었다. 그는 이를 수치로 생각하지 않았다. 왜? 진정한 노예란 따로 있기 때문이다. "노예가 주인의 시종이라면, 저속한 사람은 자기의 욕망의 시종……."(66)

왕과 개

　　그는 쓸데없는 욕심을 버리고 자연에 적합한 것만 취하면, 인간은 얼마든지 행복하게 살 수 있다고 믿었다. "쾌락의 경멸이 외려 가장 큰 쾌락을 가져다 준다"(71)는 이 모순적 깨달음을, 그는 생쥐에게서 배웠다. 아무데서나 자고, 어두움도 싫어하지 않고 맛있는 것도 먹고 싶어하지 않는 생쥐를 보고, 자기의 실존적 상황에서 탈출구를 찾았다.(22) 그리하여 이날부터 그는 외투를 두 배로 늘려 입고 다니며 이불을 삼았고, 가재도구가 담긴 골망태를 메고 다녔다. 어느 날 한 소년이 두 손에 물을 담아 마시는 것을 보고, 그 골망태 속의 물잔마저 집어던져버렸다. "분수를 안다는 점에서 저 꼬마가 나를 능가하였노라."(37)

　기성 도덕과 관습을 우습게 보았던 디오게네스. 알렉산더 대왕은

앙겔루스
노부스

가에타노 간돌피, 「알렉산더 대왕과 디오게네스」, 1792

"한 가지 소원을 들어줄 테니, 말해보라."
"좀 비켜 줘. 햇볕 좀 쬐게."

그의 태도가 영 짜증이 났던 모양이다. 모든 이의 부러움을 받는 자기의 부와 권력. 그런데 그런 게 전혀 중요하지 않은 사람이 이 세상에 하나 존재한다니, 얼마나 자존심 상하겠는가? 그래서 그 유명한 사건이 벌어졌다. 어느 날 대왕이 통 속에 들어 있는 개를 찾아가 말한다. "한 가지 소원을 들어줄 테니, 말해보라." "좀 비켜 줘. 햇볕 좀 쬐게."(38) 이 말 한마디에 대왕이 일생의 목표로 추구해온 것이 졸지에 허망한 것이 되어버린다. 그러니 얼마나 허탈했겠는가.

'부'가 통하지 않자 '권력'을 가지고 은근히 협박을 하기도 했다. "너는 내가 무섭지 않느냐?" 좋은 질문. 만약 '무섭다'고 하면, 천하의 디오게네스는 체면을 잃게 되고, 반면 '무섭지 않다'고 하면 대왕에 대한 모독이 되니까. 이 곤란한 상황을 디오게네스는 교묘하게 헤쳐나간다. 대왕에게 디오게네스가 되묻는다. "네가 뭔데? 뭔가 좋은 것, 아니면 나쁜 것?" 대왕이 생각하기에 당연히 자기는 선인이다. "물론 좋은 것이지." 그러자 디오게네스, "세상에, 좋은 것을 왜 무서워해?" 이로써 대왕의 권위는 땅으로 곤두박질치고 만다.

대왕과 개. 대왕은 세상의 모든 것을 가졌다. 개는 그 어느 것도 갖기를 거부했다. 대왕은 다른 이에게 권력을 행사한다. 개는 권력을 오직 자기 자신에게만 휘두른다. 그러나 부와 권력의 정점에 서 있는 대왕의 위력도 개에게는 아무 감명을 주지 못했다. 그리하여 알렉산더가 후에 말하기를 "내가 알렉산더만 아니라면 디오게네스가 되고 싶다." 대왕이 되고 싶지 않은 개. 그러나 개가 되고 싶은 대왕. 여기서 우리는 대왕의 것보다 더 컸던 개의 '영혼의 크기'를 볼 수 있다.

우연과 필연

그가 철학을 하는 방식 역시 남다른 데가 있었다. 그는 학파도 세우지 않고, 후계자를 남기지도 않았고, 변변히 읽을 만한 글도 남기지 않고, 그럴싸한 이론의 체계도 세우지 않았다. 그저 자신의 기행으로써 세상의 모든 것을 비웃어버리고, 이를 통해 사람들로 하여금 기존의 가치관을 한번 의심해보게 만들 뿐이었다. 하긴 발터 베냐민의 말대로 "때로는 진지한 숙고보다 횡경막의 발작이 우리에게 더 많은 지혜를 주는 법"이다.

누군가 디오게네스를 빗대어 아무것도 알지 못하는 주제에 철학을 한다고 비꼬자, 그는 "내가 지知를 추구한다면, 그게 곧 철학"(64)이라 대꾸했다. 누군가 "사람들은 왜 거지에겐 돈을 주는데 철학자에게는 돈을 주지 않는가" 하고 은근히 철학자를 거지에 빗대어 그를 모욕하자, 태연하게 대답했다. "그건 사람들이 언젠가 자신이 마비되거나 눈을 멀 가능성이 있다고 믿는 반면, 철학자가 될 가능성은 없다고 믿기 때문이지."(56)

그가 논증을 하는 방식 역시 예술적이다. 그는 결코 쓸데없이 복잡한 증명이나 추론을 사용하지 않는다. 그보다는 고상한 논리를 단 한 수에 날려버리는 독설, 말놀이, 행위예술을 선호한다. 가령 언젠가 플라톤이 "인간이란 깃털이 없이 두 발로 걸어 다니는 동물"이라는 정의를 내려 청중들로부터 박수갈채를 받았다. 그 자리에 나타난 디오게네스, 깃털 뽑은 닭을 들이대며 외치기를 "여기에 플라톤이 말하는 인간이 있다!" 그래서 사람들은 부랴부랴 그 정의에 한 가지 규정을 더 첨가해야 했다. "넓은 발톱을 가진."(40)

우고 다 카르피, 「디오게네스」(파르미자니노의 모작), 1527년경
깃털 빠진 저 닭이 플라톤이 말하는 인간(Homo Platonicus)이라고 한다.

앙겔루스
노부스

누군가가 그의 앞에서 '운동'을 부정했다. 말하자면 세상의 모든 것이 움직이는 듯이 보이나 실은 움직이지 않는다는 것이다(제논의 역리?). 그러자 디오게네스는 폴짝폴짝 뛰며 그 말을 한 자의 주위를 뱅뱅 돌았다 한다. 하늘의 별을 바라보는 데에 정신을 팔려 땅의 구덩이에 빠진 사람에게는 '제 발밑도 모르는 주제에 하늘을 연구하느냐'며 비꼬았다. 언젠가 플라톤이 '이데아론'을 설파하며 책상성性과 물잔성性에 대해 얘기하자, "헤이, 플라톤. 내 눈에 책상과 물잔은 보이지만, 책상성과 물잔성은 전혀 안 보이는데?"

언뜻 보면 장난처럼 보이지만, 이 장난 속엔 실은 적확한 논증이 들어 있다. 가령 '운동'을 부정하며 세계를 고정시키려는 보수주의에 대한 논박, 현실을 보지 못하고 눈을 천상으로 돌리는 형이상학에 대한 반박, 개별적 사물의 다양성을 개념의 서랍에 집어넣어버리는 관념론적 폭력에 대한 반박. 플라톤과 아리스토텔레스가 우연적인 것 속에서 필연적인 것을 찾아내려 했다면, 디오게네스에게 중요한 건 우연성 그 자체였다. '너의 철학이 어떤 것이냐'는 물음에 그는 이렇게 대답했다. "적어도 나는 모든 우연에 준비가 되어 있지."(63) 영원불변의 진리가 아니라, 구체적 상황 속에서 돌발적으로 튀어나오는 우연에 맞서는 재치와 기지, 그리고 용기. "우연에는 용기를."(37)

그는 결코 조화를 바라지 않았다. 그가 원한 것은 그저 확립된 모든 권위와의 창조적 불화였다. 개처럼 물어뜯는 '한 줌의 부도덕'을 가지고 이미 화석처럼 딱딱하게 굳은 낡은 권위와 관습과 도덕에 균열을 내고자 했다. 그 결과 지성계에서는 따돌림을 당해야 했다. 하지만 개의치 않았다. 누군가 '대체 무슨 짓을 했기에 고향에서 추방을 당했느냐'고 그를 비난하자, "이 돌대가리, 바로 그걸 통해서 난 철학을 시작했는데."(49) 그는 자기를 모든 것에 대립시키고, 그 모든 것으로부터 자발적으로 추방당함으로써 철학을 시작했다. 다른 철학자들이 '본질' '불변자' '영원한 진리'를 위해 구체적이며 개별적인 것을 지워버리는 동일성의 폭력을 저지를 때, 이렇게 그는 '차이'의 놀이를 즐기고 있었다.

미친 소크라테스

"미친 소크라테스."(54) 플라톤은 그를 이렇게 불렀다. 맞다. 디오게네스 역시 위대한 스승 소크라테스다. 하지만 "미친" 소크라테스다. 소크라테스가 겸손함의 미덕과 합리적 논증으로 사람을 설득시켰다면, 디오게네스는 오만함의 악덕과 가시 돋은 행위예술로 사람들의 심기를 건드렸다. 소크라테스가 영원한 진리의 체계를 구축하려 했다면, 디오게네스는 결코 거기에 포섭되지 않는 구체적 현실 속에서 우연의 놀이를 즐겼다. 소크라테스가 철학을 하는 데에 정신적 수단을 사용했다면, 디오게네스는 철학을 위해 몸을 사용했다. 그의 수단은 유리처럼 맑고 투명한 논리가 아니었다. 뭔가 혼탁하고 끈적끈적한 것이었다. 똥, 오줌, 정액……

"미친 소크라테스." 다른 말로 하면 광기의 지혜. 예로부터 광기는 예술가의 기질로 알려져왔다. 광대는 광인. 그 광기의 힘으로 진리를 말하는 예술가. 디오게네스는 이런 의미에서 최초의 광대였다. 요즘의 표현을 빌면 최초의 행위예술가였다. 그가 동료 인간들에게 독설을 퍼부을 때, 정말로 인간을 혐오했다고 보면 착각이다. 그의 반사회적 행동과 그 가시 돋은 공격성에 쓸데없이 도덕적 잣대를 들이대면 안 된다. 우리는 그의 행위를 일종의 예술로, 즉 퍼포먼스로 보아야 한다. 그의 건방짐을 비난하는 대신, 위선적 권위를 단 한 칼에 날려버리는, 그 퍼포먼스의 미학성에 주목해야 한다.

"미친 소크라테스." 소크라테스의 지혜가 합리적 이성이라면, 디오게네스의 그것은 냉소적 이성이다. 소크라테스가 입으로 논증을 했다면, 디오게네스는 몸으로 논증을 했다. 그는 이론과 실천의 구별을 몰랐다. 그리하여 그의 이론을 우리는 그가 저지른 행동을 통해 알게 되는 것이다. 칸트는 이론이성과 실천이성을 나누고 미학이 이 두 왕국 사이의 다리 역할을 하리라 믿었다. 하지만 디오게네스의 몸 속에서 이론이성과 실천이성은 애초에 하나였고, 이 하나는 동시에 미학이었다. 그의 기행은 그가 자기의 존재를 예술적으로 양식화하는 방식이었다. 이것이 우리의 창조적 개새끼가 실존하던 방식, 그의 존재미학이다.

"미친 소크라테스." 다시 맨 처음 그림으로. 중앙에 플라톤과 아리스토텔레스가 서 있다. 두 손의 엇갈리는 방향은 플라톤의 이상주의와 아리스토텔레스의 현실주의의 대립을 의미한다. 이 둘의 조화로운(?) 대립이 이 그림의 중심을 차지한다. 그림의 소실점도 이 두 사람이 만나는 지점에 있다. 그에 비하면 디오게네스는 눈에 띄지도 않는다. 이제까지의 서구의 철학사는 이런 식이었다. 플라톤과 아리스토텔레스의 대립이 철학사의 두 기둥이라고 이해되어왔다. 그런 의미에서 이 작품은 서구의 이성중심주의의 상징. 하지만 진정한 대립은 이 두 소크라테스의 후계자들과 계단에 널브러져 있는 저 "미친 소크라테스" 사이에 있었다. 논증적 이성 대(對) 냉소적 이성. 정신, 신성, 보편자, 필연성 대(對) 광기, 육체, 동물성, 개별자, 우연성.

자유로운 세계시민

누군가 그에게 인생에서 가장 아름다운 것이 뭐냐고 묻자, 그는 대답했다. "말의 자유!"(69) 누군가 그의 출신을 묻자 "나는 세계시민이다."(63) 이 세계시민에게 "원시부족들이 보여주듯이 인간의 고기를 먹는 것도 신성모독이 아니"(72)었다. 그는 "모든 것은 신에게 속하며, 신은 현자의 친구이며, 친구는 모든 것을 나눠 갖는다"(72)고 믿었다. 또 "가치 있는 것은 값이 싸고, 가치 없는 것은 값이 많이 나간다"고 투덜거렸다. "동상은 3,000드라크멘이나 하는데, 밀가루 한 부대는 동전 두 개의 값밖에 안 되는"(35) 현상을, 그는 이해할 수가 없었다. 지금 그는 마르크스가 얘기한 사용가치와 교환가치의 대립을 얘기하고 있는 거다. 그는 "결혼이란 쓸데없는 것이며, 따라서 여자들도 자기들의 공동체를 가져야 한다"고 믿었다. 그리고 "남자들은 여자들과 상호동의하에 교제를 해야 하며" 이를 위해 "어린이 공동체"(72)가 있어야 한다고 주장했다.

그는 소유로부터 자유로웠을 뿐 아니라 또한 권력으로부터 자유로웠다. 그는 귀족이나 작위, 훈장 따위의 장난을 조롱하며 "유일하게 옳은 법은 우주"(72)라고 말했다. 누군가 알렉산더 대왕의 녹을 먹게 되었다고 자기의 권력을 자랑하자, 그에게 "알렉산더 눈치를 보아가면서 아침을 먹거나 점심을 먹어야 하는 불쌍한 돼지"(44)라 말해주었다. 그는 권력이란 남이 아니라 무엇보다 자신에게 행사해야 하는 어떤 것이라는 걸 알고 있었다. 그리하여 노예로 팔려 가는 순간에조차 그는 당당하게 자신이 진정한 의미의 주인임을 입증할 수 있었던 것이다. 주인이 된 노예.

어차피 자본주의하의 대부분의 사람들은 제 노동력을 팔아야 먹고살 수 있는 자본의 노예. 이 노예들이 주인이 되는 길은 없을까? 앞 장에서 나는 숭고에 대해 얘기했다. 아무리 생각해도 오늘날의 대중민주주의 시대에, 독배를 마시는 소크라테스가 연출하던 비장한 숭고는 더 이상 어울리지 않는다. 하지만 평민 디오게네스의 웃는 진리는? 그는 우리에게 골계미(희극성)와 결합된 가벼운 숭고도 있을 수 있다는 역설을 보여주었다. 그리고 그 희극적 숭고함으로써 제 몸을 팔아 사는 노예들 역시 자기 주권을 가진 진정한 의미의 주인이 될 수 있음을 보여주었다.

디오게네스의 유물론. 그것은 학설이 아니라 존재미학이었다. 그는 관념론에 반대하여 '말'을 하지 않았다. 그는 거기에 반대하여 '살았다.' 후에 플라톤에 반역을 한 니체가 하게 될 일을, 2,000년 전에 먼저 했던 사람. 최초의 자유사상가, 최초의 세계시민, 최초의 변증법적 유물론자, 최초의 사회주의자, 최초의 실존주의자, 최초의 행위예술가. 대왕이 부러워한 개새끼, 디오게네스. 위대한 영혼, 메갈로프쉬키아 megalopsychia.

6

죽어 가는 것들

: 신체의 억압과 부활

자기 인식은 자기 몸의 인식을 전제하고……

—『백과사전』

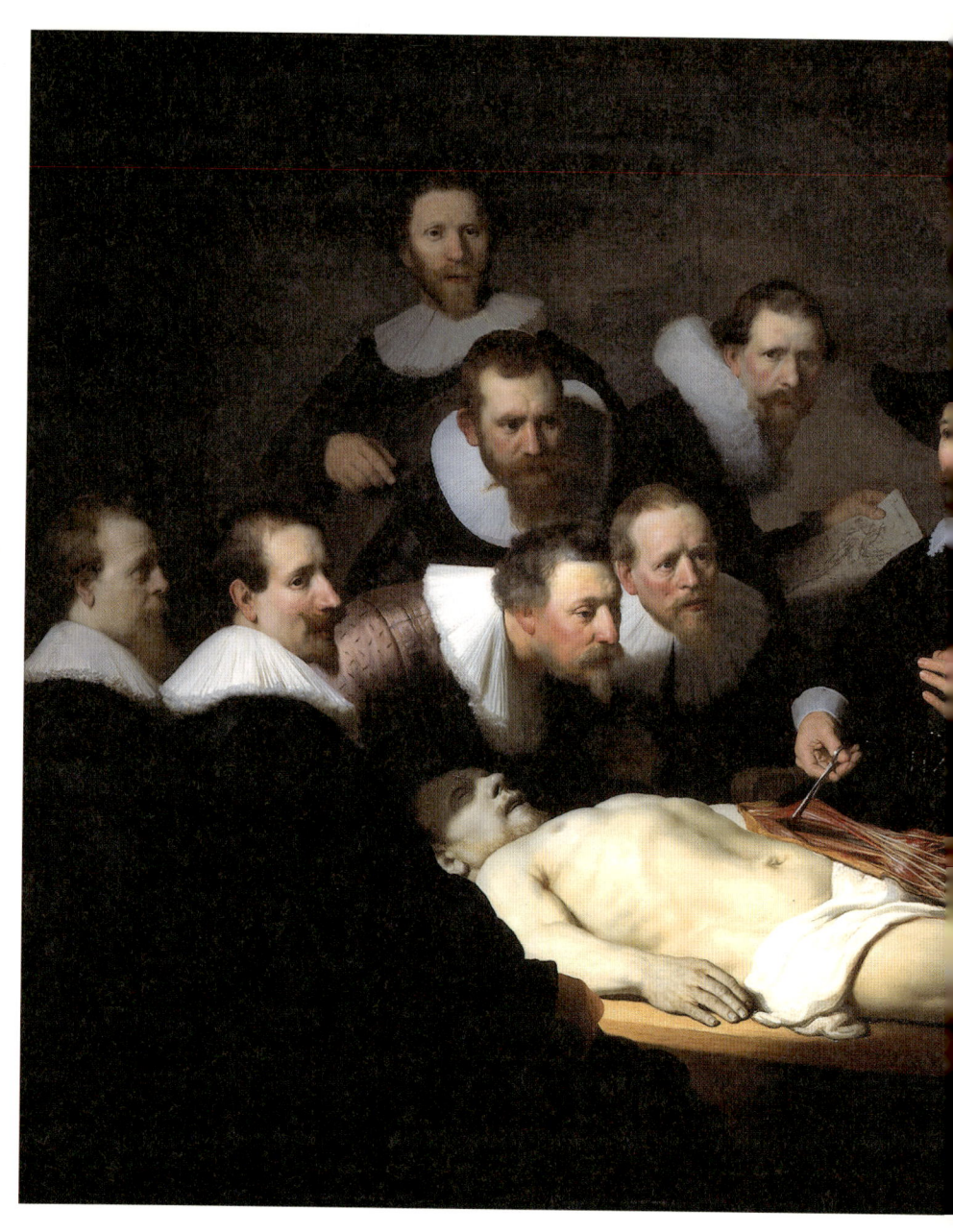

앙겔루스
노부스

렘브란트 판 레인, 「니콜라스 튈프 박사의 해부학 강의」, 1632

네덜란드는 상업과 산업 그리고 칼뱅주의 개신교의 중심지였다. 많은 직업조합 길드는 자신들의 직업에 자부심을 갖고 집단 초상화를 제작하기도 했으며, 의사들이 결성한 길드 중 한 조직이 의뢰하여 제작한 이 초상화 덕분에 아직 무명이던 그는 유명해졌다. 어둠과 빛의 극적인 대비와 구도는 해부학 강의실의 긴장감을 한층 고조시킨다.

해부대 위에 가로 놓인 주검. 죽은 몸의 창백함이 산 얼굴들의 불그스름한 생기와 대조를 이룬다. 박사가 시뻘겋게 드러난 팔목의 힘줄을 가위로 들어 올리자, 힘줄의 팽팽함이 손가락 끝까지 이어진다. 죽은 사내의 발밑, 오른쪽 귀퉁이에 커다란 책이 펼쳐져 있다. 그 유명한 베살리우스의 『해부학 교본』이다. 어디에서였더라? 실제로 저 책을 본 적 있다. 튈프 박사의 왼쪽에서 이를 뚫어지게 바라보는 세 사내의 눈길. 저 진지함의 정체는 뭘까? 학적 진지함? 아니면 변태적 가학성?

중세에 시체 해부는 금지되어 있었다. 신이 인간에게 생명의 나무에 접근하는 것을 금지하셨듯이, 인간이 생명의 비밀에 접근하는 것을 금지하려고 했던 모양이다. 물론 그 시절에도 의학 목적으로 수도원 일각에선 해부가 행해졌다. 하지만 르네상스 시대까지도 시체 해부는 일반적으로 터부로 여겨졌다. 가령 사람들의 눈길을 피해 한밤중에 지하의 실험실에서 작은 뼈 하나까지 발라내며 몰래 수십 구의 시체를 해부했던 레오나르도 다 빈치. 그는 동시대인들에게 '혹시 마법사가 아니냐'라는 수군거림을 받아야 했다.

이런 분위기에 변화가 있었던 것은 17세기, 바로크 시대였다. 이 시대에 해부학은 더 이상 '신학적 범죄'가 아니었다. 그것은 모든 교양인의 필수적 지식이었다. 웬만큼 가진 사람은 저마다 집에 해부학실을 갖추어놓고 시체를 구해다 취미 삼아 해부를 하곤 했다. 대학에서는 원형극장 모양의 강의실에서 연일 공개 해부학 강의가 이루어졌으며, 오늘날의 데이트족들이 영화 구경을 가듯이 당시의 청춘남녀들은 손 잡고 해부학 실습실에 구경을 가곤 했었다. 해부학의 붐과 함께 시체의 품귀 현상이 일어나 묘지에서 시체가 도난당하는 일이 빈발하기도 했다.

자기에 대한 지식

필리프 아리에스는 이 해부학 열풍의 배후에서 은밀한 변태성욕을 본다. 네크로필리아＝시체애屍體愛. 에로스와 타나토스의 이 기괴한 결합. 하지만 이 문제는 다른 곳에서 다룬 바 있으니 여기서는 이 해부학 열풍이 감추고 있는 다른 측면에만 주목하자. 먼저 아리에스의 말을 들어보자.

"(당시에 해부학적 지식은) 전문가들, 즉 내과의사나 외과의사가 하는 말에 어쩔 수 없이 맹목적으로 따라야 했던 법관들에게 중요했으며, 화가나 조각가에게도 필요했다는 것은 말할 필요도 없으며, 나아가 모든 사람에게 유용한 것이었다. 해부학은 교양인에게 필수적인 지식의 일부였다."(『죽음 앞의 인간』)

살인 사건에 대한 판결을 내려야 하는 법관들, 인체 묘사를 해야 하는 예술가들, 병의 원인을 밝히려는 의사들에게 해부학이 필수적이었으리라는 것은 자명한 사실. 그는 다양한 직업의 사람들에게 각각 해부학이 어떤 현실적 소용이 있었는지 풍부한 인용으로 예시한다. 하지만 왜 해부학이 굳이 이런 실천적 필요와 관계없던 일반인들에게까지 시대의 교양이 되어야 했을까? 그의 말대로 그 배후에 감추어진 은밀한 네크로필리아 때문에? 소위 '바로크의 감추어진 에로틱'?

어쩌면 다른 이유가 있었을지도 모른다. 당시의 해부학 열풍은 당시의 시대정신, 즉 고전주의적 '에피스테메'(=인식의 패러다임)와 모종의 연관이 있었을 게다. 이 추측의 단초를 우리는 아리에스 자신이 인용하는 『백과사전』의 '해부학' 항목에서 찾아볼 수 있다.

"자기에 대한 인식은 자기 몸에 대한 인식을 전제하고, 신체에 대한 인식은 인과관계에 관한 인식을 전제하는데……."

한마디로, 당시에 해부학은 "자기에 대한 인식"을 얻기 위한 전제조건이었다는 얘기다. 결국 근대 인간중심주의 철학의 실현을 위한

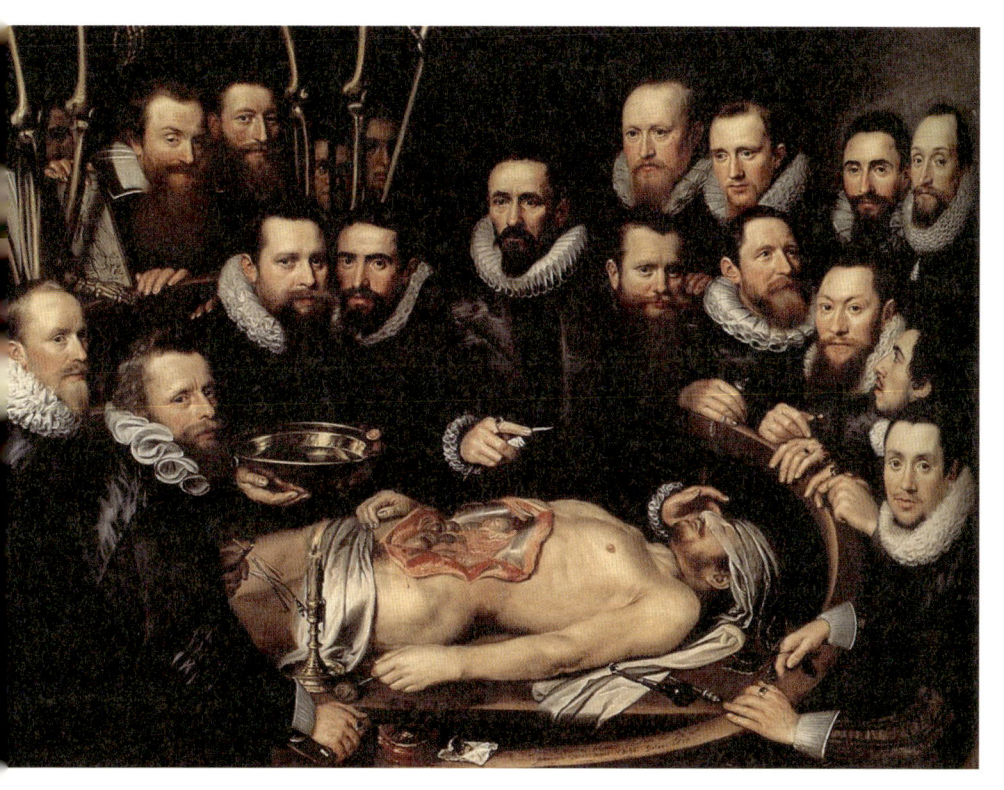

미힐 얀스 판 미레벨트, 「빌럼 판 데르 메이르의 해부학 강의」, 1617

전제조건이었다는 것이다.

근대적 인식의 이상은 인식주관의 자기 인식이다. 가령 '생각한다. 고로 존재한다'라는 데카르트의 말은 '인식 주체의 정신이 진리의 근원'이라는 근대의 합리주의적 도그마를 잘 드러내준다. 데카르트에게 의심할 여지없이 자명한 것은 '내가 생각한다'는 사실이었다. 즉 내가 보는 모든 것은 심술궂은 악마가 내 정신 안에 일으킨 환영일 수 있으나, 속임을 당하는 그 순간에조차도 속임을 당하는 나의 존재만큼은 부정할 수가 없다. 그리하여 '생각하는 내가 존재한다'는 것은 모든 지식에 선행하는 가장 근원적이며 가장 자명한 진리라는 것이다.

여기서 데카르트가 말하는 '나'는 육체적 존재로서의 내가 아니다. 생각하는 존재로서의 나, 즉 나의 정신이다. 당시 사람들은 이렇게 '인간은 곧 정신'이라고 보았다. 즉 '인간=영혼'이라는 중세 말기의 등식이 고전주의 시대에 이르러 어느새 '인간=정신'으로 바뀐 것이다. 어느 경우든 여기서 인간의 신체는 가볍게 무시된다. 아리에스에 따르면 이 관념론적 경향이 오늘날에도 영문법 책에 사용되는 예문, 가령 'Not a soul is to be seen'이나 'Not a mind is to be seen'(한 사람도 보이지 않았다) 같은 문장 속에 제 자취를 남기고 있다.

데카르트에게 명증적 인식은 자기 인식으로서만 가능한 것이었다. 이것이 당시의 에피스테메였다. 즉, 나(=정신)의 밖에 있는 것은 자기 인식만큼 확실하고 분명한 인식을 주지 못한다. 여기서 '정신의 밖에 있'는 것이란 물론 '자연'을 가리키고, 거기에는 자연과학의 대상이 되는 외적 자연과 함께 내 안의 자연, 즉 인간의 신체도 포함된다. 데카르트에게 정신과 신체 사이엔 건널 수 없는 심연이 가로놓여 있다. 소위 '심신 이원론.' 정신은 부피가 없으나 신체는 공간을 차지한다. 양자는 성격이 전혀 다르다. 그런데도 정신과 육체는 분명히 인과관계를 맺고 있다. 이를 어떻게 설명할 것인가?

그는 우리 뇌에 들어 있는 '송과선松果腺'이라는 것이 정신과 육체를 중개한다고 보았다. 이로써 문제는 해결된다. 한 가지 이론적 난점만 빼고. 즉, "송과선은 그럼 어디에 속하는가? 정신? 아니면 육체?" 이 곤란한 문제를 피해가려고 당시 사람들은 무던히 애를 썼다. 가령 말브랑슈 같은 철학자는 "육체와 정신의 관계는 서로 떨어져 있으면서도 같은 시각을 가리키는 두 개의 시계의 관계와 같다"라고 말했다. 하느님께서 둘이 언제나 같은 시각을 가리키도록 창조하실 때부터 애초에 바늘을 맞추어 놓으셨다는 것이다. 이른바 '기회원인론機會原因論.'

기회원인론에 따르면 정신과 육체를 매개하는 건 '인과관계'가 아니라 신이 설정한 '예정 조화'다. 데카르트는 거기까지 나아가지는 않는다. 그에게는 정신과 육체가 여전히 인과관계로 연결되어 있었다. 하지만 정신의 자기 인식을 추구하는 자에게 이는 물론 불편한 사실로 남는다. 왜? 육체는 정신을 어지럽히니까. 가령 감정, 욕망, 열정 따위가 이성적 판단을 그르치는 경우가 얼마나 많은가? 그래서 정신의 명증성에서 수학적 엄밀성에 따라 참된 지식을 연역해 내려던 그에게, 정신의 판단에 영향을 끼치는 육체를 정복하는 일은 피해갈 수 없는 과제였다.

그래서 합리주의 철학을 윤리학에 적용하기 위한 예비 작업으로서 그가 쓴 것이 바로 『정념론』이다. '정념passion'이란 범박하게 말하면 희로애락과 같은 감정을 가리킨다. 철학적으로는 육체가 정신에 끼치는 작용, 즉 육체가 내(=정신) 안에 일으키는 심적 현상을 의미한다. 『정념론』 제1부엔 이런 제목이 붙어 있다. "정념 일반에 관하여. 그리고 부수적으로 인간의 본성 전체에 관하여." 여기서 드러나듯이 데카르트에게 "정념 일반"을 논하는 것은 비록 "부수적으로"나마 "인간의 본성 전체에 관하여" 논하는 것을 의미했다. 이것이 바로 '인간의 자기 인식'이라는 근대의 에피스테메, 즉 근대철학의 인간중심주의다.

정념

육체를 배제하는 과정은 근대에 시작된 것이 아니다. 우리는 그 운동이 이미 플라톤에서 시작되었음을 보았다. 하지만 근대에 들어오면 이 과정은 고도의 학적 엄밀성과 논리적 철저함을 갖고 전개된다. 그래선지 『정념론』은 어리석은 고대인들에 대한 조롱과 함께 시작된다.

"우리가 고대인들로부터 물려받은 과학들이 얼마나 불충분한가는, 그들이 정념에 관하여 쓴 것보다 더 명백히 드러나는 것이 없다. (……) 고대인들이 거기에 대해 가르친 것은 매우 보잘 것 없고, 또 대부분 믿을 수 없는 것이기에, 나는 그들이 따랐던 길에서 벗어나지 않고서는 진리에 접근하려는 여하한 희망도 가질 수 없다."

이어서 그는 말한다. "정신에서 정념인 것은 육체에서는 작용이라고 생각해야 한다." 여기서 정념passion은 뭔가 수동적인 것passive, 반

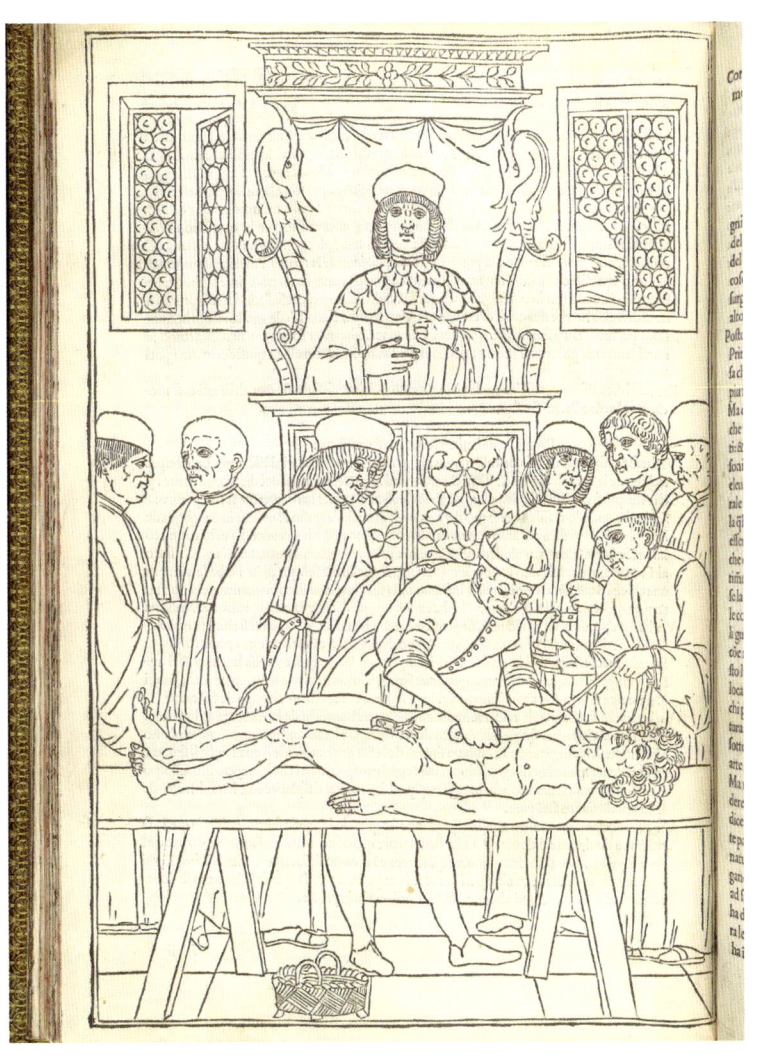

요하네스 데 케탐, 『의술서(Fasiculo de Medicina)』의 삽화, 1493~94

면 작용 action은 뭔가 능동적인 것이다 active. 정념이란 육체의 관점에서 보면 그 운동을 과학적으로 계측할 수 있는 능동적인 '작용'이다. 하지만 그것이 육체의 작용에 의해 정신 속에 촉발될 경우, 그리하여 내성內省(=의식 속을 들여다 봄)에 의해 파악되는 정신 속의 표상이 될 경우, 그것은 수동적인 '정념'이라 불러야 한다는 것이다. 그리하여 "작용과 정념은 동일한 것이다. 그저 정념이 관계되는 상이한 두 주체들 때문에 이 두 이름을 갖고 있는 것이다."

재미있게도 그는 육체와 정신을 "두 주체"라 부른다. 즉, 하나의 인간 속에는 "두 주체"가 들어 있다. 주체가 둘이다 보니, 가끔 "싸움"이 벌어진다. 가령 우리가 흔히 '심적 갈등'이라 부르는 것을 생각해보라. '이성'과 '정념'의 싸움, 즉 정신 자체가 가지고 있는 능동적인 힘과 육체에 의해 정신 속에 수동적으로 촉발된 힘의 싸움. 혹은 "습관적으로 흔히 감각이라 불리는 하층부와 합리적인 상층부 사이에 (……) 있다고 믿어지는 모든 싸움."(47) 이 싸움은 물론 인간의 마음속엔 천사와 악마의 싸움이 벌어지고 있다는 중세말의 관념을 근대화한 것이리라.

이 싸움이 천사의 승리로 끝나야 마땅하듯이, 데카르트의 싸움도 이성의 승리로 끝나야 했다. 적에게 이기려면 물론 먼저 적을 알아야 한다. 그리하여 적의 정체를 해명하기 위해 그는 『정념론』을 써야 했다. 중세의 도덕이 정념을 일방적으로 죄악시했다면, 적어도 데카르트는 '정념'이 가진 긍정적인 측면을 인정한다. "모든 정념의 효용성은 그것들이 정신 속에서 사유를 강화하고 지속하게 한다는 데에"(74) 있다. 하지만 정념은 동시에 "이성의 사용을 전적으로 제거하거나 왜

곡시킬 수가 있"다. 따라서 "우리는 가능하면 그로부터 해방되려고 노력해야 한다."(76)

기하학

그 노력의 일환으로 그는 정념의 세계에 해부의 칼을 들이댄다. 그의 해부는 두 가지 방식으로 이루어진다. 하나는 당시에 과학의 모델로 여겨졌던 기하학적 방법이다. 가령 기하학이 어떤 식으로 이루어지는지 생각해보자. 먼저 공리가 있다. 가령 '평행선은 결코 만나지 않는다.' 그 공리들을 이리저리 조합하면 거기서 정리가 도출된다. 가령 피타고라스의 정리 '$a^2 + b^2 = c^2$'. 증명 없이 참으로 간주되는 공리에서 이처럼 증명을 통해 정리를 도출하는 것을 '연역'이라 부른다.

연역을 통해 도출된 진리는 보통 의심할 여지없는 진리로 간주된다. 그래서 그 시대에 기하학은 모든 학문의 이상이었다. 어느 정도였는지 스피노자를 통해 보자. 가령 그의 『윤리학』에서 '정념'의 문제를 다룬 제4부의 구성. 먼저 그는 논증에 사용될 사용할 개념들의 정의에서 시작한다. 정의에 이어 공리가 제시된다. 가령 "자연 안에는 (……) 더 강한 것에 의해 극복되지 않는 개물個物이란 없다. 어떤 개물이 존재한다면, 그것을 파괴할 수 있는 더 큰 개물이 존재한다." 그리고 이 단 하나의 공리를 이리저리 변형시켜 거기서 그는 무려 73개의 정의를 도출해내는데, 그 방식이 재미있다.

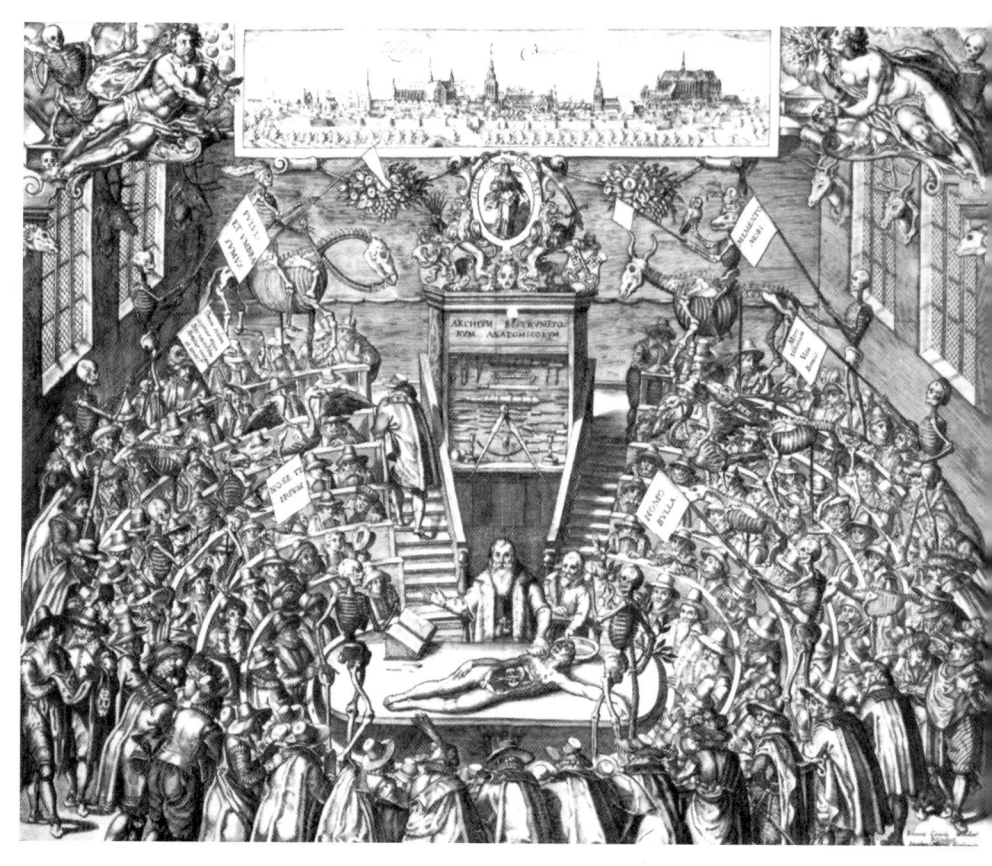

바르톨로메우스 돌렌도, 「라이던 대학의 해부학 강의실」(얀 코르넬리우스 바우다뉘스를 모사), 1609

"정리43: 쾌감은 지나칠 수 있으며 악일 수 있다. 그러나 쾌감이 악인한에서 고통은 선일 수 있다. 증명: 쾌감은 기쁨이며, 이것은 (……) 신체의 한 부분이 나머지 부분보다 더 많이 자극받는 데서 성립한다(3부의 정리 주석에 있는 정의 참조). 그 힘은 신체의 나머지 작용을 능가하고(4부의 정리6에 의하여), 신체에 집요하게 달라붙어 신체가 다른 방식들로 자극받는 것을 방해할 만큼 큰 것이 될 수 있다. 그러므로 쾌감은 악일 수 있다(4부의 정리38에 의하여). 반대로 슬픔의 일종인 고통은 그 자체로 보면 선일 수 없다(4부의 정리41에 의하여). 그러나……."

이 정도로 광적이지는 않지만, 데카르트 역시 이에 못지않은 논리적 체계성을 갖고 엄밀하게 논증한다. 먼저 정념을 정의하고,(1부) 이어 마치 공리를 제시하듯 기본 정념을 제시한다.(2부) "내가 헤아려본 모든 것을 점검해보면 정념은 여섯 가지에 불과하다. 즉, 경이, 사랑, 미움, 욕망, 환희 및 슬픔……." 이어 3부에서는 "다른 모든 정념들이 어떤 방식으로 그 여섯 가지에서 비롯되는지"(69) 보여준다. 그리하여 유類를 이루는 여섯 가지 기본 정념에 포섭되는 '종'이라는 "특수한 정념들"이 빠짐없이 나열된다. 존경, 관대함, 망설임, 대담함, 비겁과 두려움, 가책, 희롱, 비아냥, 선망, 연민, 후회…….

이 모든 정념들의 항목에는 설명이 붙어 있다. 언젠가 내가 죽은 독재자를 영웅으로 떠받드는 정신 나간 분을 풍자 좀 했더니, 그 분과 한솥밥 먹는 어느 분이 삐져서 "그것은 비아냥거릴 일이 아니"라며 나를 닷한 적이 있나. 이 분세에 대해 데카르트 선생은 어떻게 생각하실까? 고견을 들어보자.

"비아냥의 기능에 관하여 (……) 그들을 우스꽝스럽게 보이도록 함으로써 그 악을 탓하는 데에 효용이 있는 익살에 관해서 말하자면, 그것은 교양인의 한 자질로서, 그의 기질과 쾌활함과 또 그의 마음의 평안을 보여주는 것이다. 이 쾌활함과 평온함은 덕의 징표들이다."(180)

데카르트가 괜히 위대한 게 아니다.

해부학

데카르트는 『방법서설』에서 자기가 학문의 방법으로 제시한 매거법 牧擧法에 따라 인간이 가질 수 있는 모든 종류의 감정들을 빠짐없이 나열하고, 그것들을 유와 종으로 분류하고, 그것들을 체계적으로 질서 지움으로써, '정념'들의 분류표를 만들어 제시한다. 왜 그랬을까? 물론 그것들을 정복하여 이론과 실천 양면에서 정신이 이성을 올바로 사용하도록 하기 위해서였다. 그런 의미에서 '정념론'은 아직까지 알려지지 않은 비합리적인 힘의 신세계를 정복하기 위해 제작한 지도, 즉 '정념'이라는 미지의 땅 terra incognita의 지도로 볼 수 있다.

스피노자가 추상적 논증에 의존해 윤리학적으로 접근하려 한다면, 데카르트는 정신과 육체 사이에 존재하는 인과관계를 과학적으로 밝히려 한다. 그래서 그의 '정념론'은 강하게 경험과학적 성격을 띤다. 당시에 데카르트가 사용할 수 있었던 경험과학이란 무엇보다도 기계론적 역학이었다. 이는 물론 기계의 제작이 활발했던 당시의 사회상을 반영하는 것이다. 어쨌든 이렇게 기계론을 모델로 삼은 결과, 그는 인간의 신체를 일종의 자동기계로 간주하게 된다.

"산 사람의 육체와 죽은 사람의 육체는 다르되, 시계나 그 밖의 다른 자동기계의 경우와 같다고 생각하자. (……) 그 기계의 작용을 위한 모든 것이 함께 들어 있을 때와, 그것이 부서져 그 운동원리가 작동하기를 멈출 때의 차이와 같다."(6)

그나마 인간이 기계와 다른 건 '정신'을 갖고 있기 때문이고, 정신을 갖지 못한 동물들은 결국 자동기계와 똑같다는 것이다. 물론 이는 '죽음이란 인간의 몸에서 영혼이 빠져나가는 것'이라 보았던 중세의 신학보다는 과학적이라 할 수 있다. 하지만 살아 있는 몸을 기계로 간주하는 그 개념의 폭력성. 이 때문에 먼 훗날 니체는 지나가던 말을 끌어안고 눈물을 터뜨리며 그를 기계로 간주한 데카르트를 대신하여 그에게 사죄를 해야 했다.

그가 동원한 또 하나의 과학은 해부학이다. 가령 송과선에 관하여 그는 말한다.

"정신이 그 기능을 직접적으로 발휘하는 육체의 부분은 심장도 아니고, 뇌의 전체도 아니고, 뇌의 가장 안쪽에 들어 있는 부분이라는 것을, 내가 분명히 확인한 것으로 보인다."(31)

그런데 그걸 어떻게 "확인"할 수 있었을까? 해부학 없이는 불가능한 일이었으리라. 그는 모든 정념의 발생 원인을 해부학적으로 설명하려 든다. 가령 '사랑'이라는 정념. 사랑을 하면 왜 가슴이 뜨거워지고, 정신이 산만해지며, 하루 종일 임 생각만 나는 걸까? 그의 말을 들어보자.

"오성이 자기 앞에 사랑의 대상을 그릴 때, 이 사고가 일으키는 인상은 동물 정기들을 여섯 번째 부분의 신경을 통해 창자와 위의 둘레에 있는 근육들로 이끈다. (……) 새로운 피로 전환되는 음식물의 즙이 간장에 머물지 않고 심장을 향해 빨리 옮겨가게 하는 방식으로 (……) 다른 부분에 있는 피들보다 더 세차게 심장으로 내몰아치므로 (……) 더욱 강한 열을 일으킨다. 그 피는 이미 심장을 여러 차례 통과해 묽어진 피보다 더 거칠다. 이 피가 정기들을 뇌 쪽으로 보내 뇌의 각 부분들이 평소보다 훨씬 더 거칠고 분란하게 만든다. 그 정기들은 사랑스런 대상에 대한 첫 생각이 거기에서 일으킨 인상을 강화하면서, 정신으로 하여금 이 생각 위에 멈추도록 강요한다. 이로써 사랑이라는 정념이 성립한다."
(102)

신체의 도구화

기계론과 해부학의 결합. 인간을 복잡한 구조를 보는 기계로 보는 이 합리주의적 인간관은 중세관에 비하면 분명히 과학적 진보로 볼 수 있다. 하지만 외적 자연과 내적 자연(=신체)을 지배하기 위해 시작된 이 과학적 '진보'에는 동시에 무서운 가능성이 감추어져 있다. 가령 고도의 과학기술을 갖고 행해졌던 나치의 생체실험을 생각해보라. 인간을 자동기계로 바라보지 않고서는 도저히 불가능한 일이었으리라. 어쨌든 여기서 인간의 생명, 그의 신체는 어떤 실용적 목적을 위한 도구가 되어버린다.

굳이 극단적인 예가 아니라도 신체의 도구화는 오늘날에도 어렵지 않게 찾아볼 수 있다. 가령 보험금을 노리고 제 신체 부위를 잘라내고, 제 아들의 손가락을 자르고, 자식에게 독약을 먹인 사람들. 여기서 인간의 생명과 신체는 간단히 화폐로 환산된다. 이는 일부 극단주의자들만의 문제가 아니다. 가령 '재벌 기쁨조' 하며 먹고사는 어느 지식인이 최근 아무렇지도 않게 "장기의 자발적 거래를 허용하자"라는 망언을 했다. 이 바로크 마카브르 자유주의. 여기서 신체는 교환가치의 대상, 즉 한갓 사고파는 물건이 되어 버린다. 도대체 어떻게 인간이 이 지경이 될 수 있는 걸까?

사실 데카르트는 정념을 일방적으로 배척하려고 하지 않았다. 그에게 문제는 "정념의 지배자가 되어 (……) 그 모든 정념들로부터 환희조차 끌어낼 수 있게 만드는 것"이었다. 이 합리주의자의 말 속에는 아직 아련히 시적 정취가 남아 있다. 하지만 자본주의가 발달하면서 이성에 의한 정념의 지배는 극한으로 치닫는다. 그리하여 자본주의적 인간에게서 그 풍부한 '정념'은 모두 사라지고, 그 자리엔 '이해관계 interest'가 들어서게 된다. '이해관계'란 말은 그 풍부한 정념의 내용 중 단 한 가지만을 담을 뿐이다. 욕망, 물질적 욕망, 그것도 구체적인 대상이 아니라 추상적인 화폐욕. 즉 이자interest에 대한 욕망.

자본주의적 인간형 '호모 에코노미쿠스'는 오직 저만의 욕망을 추구하는 이기적 존재이자, 동시에 그 욕망을 위해 합리적 계산을 하는 냉철한 존재다. 이 합리적 이기주의자는 그 다양한 정념들의 풍부함을 물욕이라는 단 한 가지로 환원시켜버리고, 차가운 계산 능력으로 그것의 실현에 도움이 되지 않는 나머지 다른 정념들은 간단히 배제시켜버린다. 정념은 물질욕이 되어 자본의 자기증식의 수단이 되는 한에서만 인정이 되고, 그 나머지는 간단히 불필요한 감정으로 치부되는 것이다.

과연 이게 얼마나 합리적인 것일까? 원래 이성, 합리성, 계산의 능력은 인간의 생명활동을 위한 것이다. 그러나 언제부터인가 수단과 목적이 전도되고, 한갓 수단이 목적의 자리에 놓이게 되었다. 얼마나 비합리적인가? 근대적 합리성의 비합리성을 지적하려는 포스트모던의 여러 흐름이 니체, 프로이트, 마르크스를 영감의 원천으로 삼는 것은 결코 우연이 아니다. 니체는 이성의 감옥에서 생명의 에너지를, 프로이트는 의식의 감옥에서 무의식을, 마르크스는 자본주의적 합리성의 감옥에서 인간의 감성을 해방시키려 했던 최초의 사람들이기 때문이다.

죽은 자연

다시 그림으로 돌아가보자. 앞서 본 그림들은 당시 네덜란드에서 유행했던 집단 초상화의 장르에 속한다. 거기엔 이견의 여지가 없다. 자, 저기서 잠깐 산 자들의 모습을 지워버리자. 그림 화면엔 달랑 죽은 신체만 남을 게다. 만약 이렇게 죽은 시체만 그린 그

렘브란트 판 레인, 「데이만 박사의 해부학 강의」, 1656

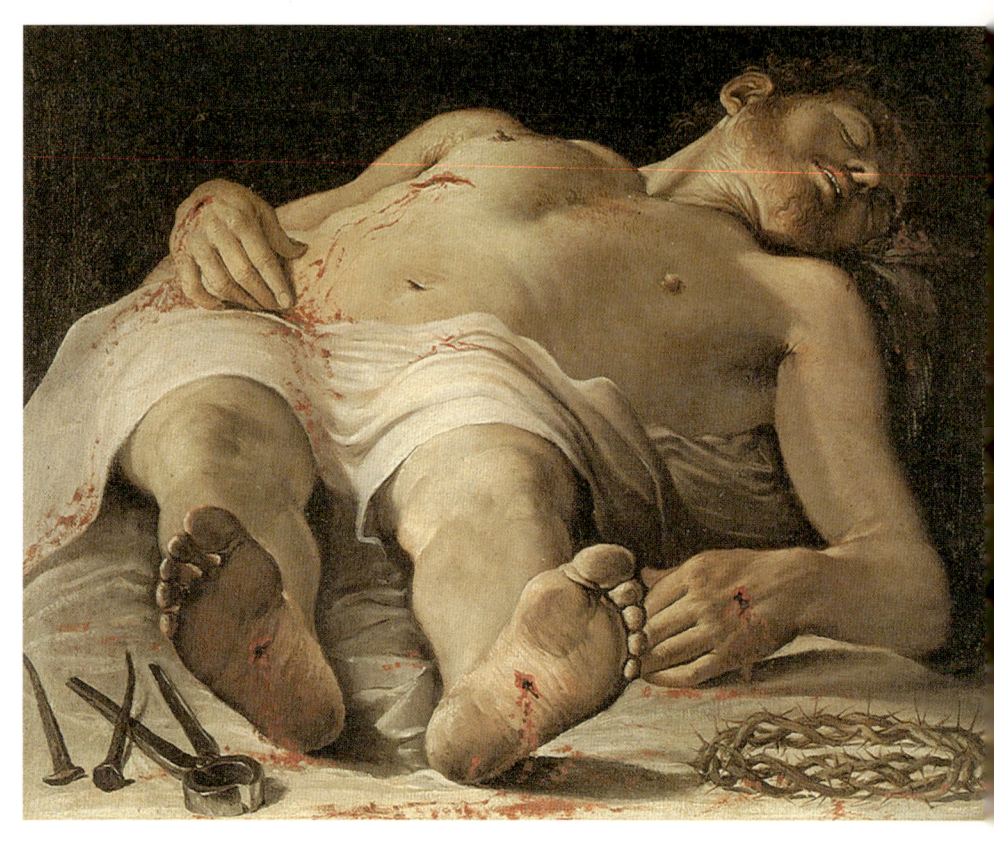

안니발레 카라치, 「그리스도의 시체」, 1583~85

림이 있다면, 그건 어느 장르에 속할까? 죽은 인물의 초상화? 아니면 혹시 정물화? 그럴지도 모른다. 생각해보라. 시체가 망가진 기계라면, 그 물건의 그림은 마땅히 정물화가 되어야 하지 않을까? 더구나 육체란 인간의 내부로 들어온 자연. 고로 '죽은 몸corps mort'은 '죽은 자연nature morte(정물).'

렘브란트는 또 하나의 해부학 강의를 그림으로 그렸다. 그림을 보라.(163쪽) 배를 벌린 한 사내가 누워 있다. 그의 두개골의 상반부는 지금 젊은 조수의 손에 들려 있다. 표정을 보라. 너무나 표현적이지 않은가? 저 표정은 우리에게 말을 건넨다. 대체 무슨 말이 하고 싶은 걸까? 그는 기계가 아니다. 기계는 표정이 없다. 하지만 그는 죽어서도 표정을 갖고 있다. 그리고 저 자세. 어디서 본 듯하지 않은가? 그렇다. 카라치의 「그리스도의 시체」를 닮았다. 우연의 일치? 아니다. 렘브란트는 의식적으로 저 사형수를 또 하나의 사형수(=그리스도)와 동일시하고 있다. 왜? 저 잔인하게 해체된 자동기계에 다시 인간의 위엄을 돌려주고, 생명과 신체를 한갓 물건으로 간주하는 합리주의의 야만적 비합리성에 항의하려고 했던 것이 아닐까?

근대라는 시대의 질병을 치유하려면 두 개의 자연, 즉 내 안의 자연과 내 밖의 자연을 해방시켜야 한다. 기술 합리성에 의해 오염되고 파괴되는 외적 자연을 부활시키고, 잘못 이해된 이성에 의해 억압되고 말살된 우리의 내적 자연(=육체와 정념)을 부활시켜야 한다. 새로운 시대가 낡은 시대의 오류로부터 자유롭기를 바란다면, 그것은 살아 있는 것의 죽음을 미워하고 죽어가는 것의 삶을 사랑하는 데에서 출발해야 한다.

7

옛것과 새것

: 이성의 독재에 대한 투쟁

그러므로 이성을 사랑하라!
―부알로

미켈란젤로, 「다비드」, 1504

피렌체에 갔을 때의 일이다. 폐관 시간이 얼마 남지 않은 미술관. 우아하게 차려입은 아리따운 아가씨가 들어온다. 높다란 받침대 위에 놓여 있는 저 거대한 석상 아래에서 조그만 접는 의자를 펴고, 그 앞에 보면대를 세우더니 들고 온 하프를 연주하기 시작한다. 폐장의 어수선함 속에서도 하프에서 울려나오는 음표들이 저 우아한 석상의 몸을 휘감으며 서서히 하늘로 승천하는 공감각적 현상의 체험. 하프라는 악기는 '목가적'인 분위기를 연상시킨다. 하긴 다비드는 목동이 아니었던가. "베들레헴에서 양을 칠 때에……."(『사무엘 상』 17:10)

그러고 보니 다비드가 사울 왕 앞에서 하프를 연주하는 대목이 생각난다. "다윗이 손으로 수금을 탈 때에" 다비드의 무공을 질투한 "사울이 단창으로 다윗을 벽에 박으려 하였으나 그는 사울의 앞을 피하고 사울의 창은 벽에 박힌지라."(19:10) 사울의 창을 피해 쫓겨 다니던 다비드는 어느 날 동굴에서 자던 사울의 옷자락을 베고, 다음 날 일어나 길 떠나는 사울을 향하여 외치기를 "내 손에 있는 왕의 옷자락을 보소서 (⋯⋯) 왕은 내 생명을 해치려 하나 나는 왕에게 범죄한 일이 없나이다."(24:11) 그러자 "사울이 가로되 내 아들 다윗아 이것이 네 목소리냐 하고 소리 높여 울며 다윗에게 이르되 나는 너를 학대하되 너는 나를 선대하니 너는 나보다 의롭도다."(24:16~17)

성서는 다비드의 외모를 기술하는 데에 적장 골리앗의 눈을 빌린다. "그 블레셋 사람이 둘러보다가 다윗을 보고 업신여기니 이는 그가 젊고 붉고 용모가 아름다움이라."(17:42) 소년의 몸매가 전쟁터에 어울리지 않게 여성다운 "아름다움"을 가졌다는 것이다. 성별이 분명하지 않아 asexual 외려 여성적으로 느껴지는 미소년. 성서에서 전하는 다비드의 모습에 가까운 것은 외려 도나텔로의 것이리라. 미켈란젤로는 이 자그만 미소년을, 당시(친퀘첸토)의 시대적 이상에 맞추어 성서에 나오는 젊음의 힘으로 가득 찬 건장한 남성의 모습으로 영웅화한다. 보라. 저것이 바로 르네상스 휴머니즘의 영웅적 인간상이다.

또 하나의 「다비드」. 바로크의 거장 베르니니의 작품이다. 다비드는 골리앗을 향해 방금 돌을 던졌다. 그의 눈은 정확하게 목표 지점, 블레셋 장수의 이마를 향한다. 돌멩이로 구척장신을 쓰러뜨리는 게 가능할까 의심할지 모르겠다. 언젠가 텔레비전에서 근동 지방의 목동에 관한 프로그램을 보았다. 사실이다. 기다란 가죽 끈의 가운데에 돌멩이를 넣고 두 끝을 모아 잡아 빙빙 돌리다 허리 아래쪽에서 살짝 한쪽 끝을 놓으면 돌멩이는 정확하게 목표지점을 때린다. 그쯤은 예닐곱 살짜리 꼬마들까지도 한다. 이게 아득한 고대로부터 전해 내려

도나텔로, 「다비드」, 1430~40

잔 로렌초 베르니니, 「다비드」, 1623~24

온 돌팔매질이라면, 베르니니 작품의 포즈는 틀렸다. 팔의 회전 방향이 틀리다. 돌을 놓는 순간의 포즈도 팔이 위에서 아래로가 아니라 아래에서 위로 올라오는 순간이 되어야 한다.

자, 이제 두 개의 다비드를 비교해보자. 미켈란젤로의 「다비드」는 마치 영원한 무시간성 속에서 휴식하는 듯 고요하다. 반면 베르니니의 「다비드」는 커다란 동작을 하는 역동적 순간을 포착한 것이다. 미켈란젤로의 작품이 그 자체로 완결된 닫힌 형식이라면, 베르니니의 작품은 밖을 향해 열려 있다. 즉, 저 작품은 자체로 완결된 것이 아니라 그 안에 바깥의 존재를, 즉 밖을 향해 날아가는 돌멩이와 골리앗의 존재를 함축한다. 미켈란젤로의 「다비드」가 영혼의 평정을 보여주는 듯 평온한 표정이라면, 베르니니의 「다비드」는 지그시 입술을 악물고 내적인 파토스의 운동을 밖으로 발산한다. 전자는 전형적인 르네상스 고전주의, 후자는 전형적인 바로크의 예술정신을 대변한다.

옛것과 새것

자, 어느 것이 더 마음에 드는가? 취향에 따라 다른 대답이 나올 것이다. 그럼 이렇게 묻자. 둘 중에 어느 것이 더 예술적인가? 물론 우리는 이런 물음 자체가 무의미하다고 생각한다. 가령 '파블로 피카소와 파울 클레 중 누가 더 뛰어난가' 묻는 사람은 오늘날 아무도 없다. 두 사람의 작품세계는 비교 불가능한 것이다. 둘은 나름대로 고유의 예술적 가치를 갖고 있다. 누구를 더 좋아하느냐는 개인적 취향의 문제일 뿐, 양자를 통분하여 비교할 어떤 공통분모가 있는 건 아니다. 따라서 그 질문은 애초에 문법적으로 잘못된 것이다. 우리는 이렇게 생각한다. 하지만 수백 년 전엔 달랐다. 사람들은 그런 질문이 가능하며 심지어 그 해답이 있다고 믿었다.

그래서 이 문제를 놓고 편을 갈라 열심히 논쟁을 벌였다. 이른바 '신구논쟁'qurelle des ancients et des modernes. 여기서 옛것이란 르네상스 이래의 고전주의적 예술취향을, 새로운 것이란 당시에 등장한 바로크라는 새로운 예술취향을 말한다. 재미있는 것은 도대체 '이런 논쟁 자체가 벌어졌다'는 사실이다. 이런 논쟁이 가능했던 것은 그 바탕에 한 가지 암묵적 전제가 깔려 있었기 때문이다. 즉, '모든 예술작품을 비교하여 평가할 수 있게 해주는 어떤 공통의 척도, 어떤 보편적인 미적 기준이 있다'는 전제. 적어도 이 논쟁의 한쪽 편, 그러니까 고전주의자들은 이런 확신을 갖고 있었다. 하지만 그 보편적 기준은 대체 어디에 있단 말인가?

미래에서 찾을 순 없다. 왜? 그건 아직 오지 않았으니까. 따라서 그것은 '과거'에 있을 수밖에. 그래서 이들은 그 기준을 아득한 고대 그리스의 아티카Attica(고대 그리스의 한 지방으로 중심은 아테네다) 고전주의에서 찾았다. 그리하여 고대의 예술작품에서 추출된 미적 원리는 모든 예술에 적용되는 보편적 기준이 되어, '규칙'의 이름으로 아카데미를 통해 예술가들의 입에 재갈처럼 물려졌다. "그대는 위대한 예술에서 명성을 구하려 하는가?" 물론. 그럼 "내가 여기에 제시하는 법칙을 지켜라."(부알로, 『칸토』 IV 85~86). '규칙'이나 '법칙'은 합리적인 것이다. 예술이 법칙에 따른 제작 행위라면, 그것은 당연히 이성의 지배를 받아야 한다. "따라서 이성을 사랑하라. 그대가 쓰는 그 무엇이든, 그 미와 힘과 빛을 그에게서 빌려 오라."(『칸토』 I 37~38).

감각과 상상력의 추방

이리하여 예술은 이성의 지배하에 놓이고, 창작은 규칙의 감옥에 감금되어야 했다. 아주 오래전, 그러니까 17세기의 이야기다. 우리는 흔히 예술이란 어디까지나 감성 혹은 상상력의 문제라고 생각한다. 그래서 예술이 엄격한 규칙에 따른 합리적 행위라는 주장이 잘 이해가 안 갈 게다. 좀 이상하긴 하지만, 어쨌든 이것이 당시의 시대정신이었다. 이른바 합리주의. 위에서 인용한 고전주의 시학자의 말 속에서 우리는 어렵지 않게 예술론 속으로 들어온 데카르트 정신을 본다. 다시 한 번 세상의 모든 것을 의심하고 있는 순간의 그에게 돌아가보자.

"내가 존재한다는 것은 확실하다. 그러나 얼마나 오랫동안 확실한 것인가? 그것은 내가 생각하는 동안은 확실하다. 왜냐하면 내가 생각하기를 멈춘다면 동시에 존재하기도 멈추고 말 것이기 때문이다. (……) 그러므로 나는 정확히 말해 생각하는 것, 즉 하나의 정신 또는 이성인 것이다."(『성찰』143쪽)

인간을 정신으로 규정한 후 그는 말한다.

"상상이라는 용어 자체가 내게 오류를 경고해준다. (그러므로) 가능한 한

주의하여 정신으로 하여금 상상력을 멀리하게 해야 하며……."(144쪽)

여기서 상상은 오류의 근원, 그러니까 이성에 적대적인 것으로 규정된다. 이어서 그는 말한다.

"밀랍에 대한 지각이나 사람들이 밀랍을 알아차리게 되는 작용은 시각이나 촉각이나 상상력이 아니라 정신의 통찰력이었을 뿐이다."(147쪽)

밀랍은 시간이 지남에 따라 맛과 향을 잃고 온도에 따라 모양이 수시로 변한다. 그러나 우리는 밀랍을 밀랍으로 인식한다. 따라서 '밀랍이 밀랍'이라는 인식은 수시로 변하는 밀랍의 여러 성질을 지각하는 우리의 감각과는 전혀 상관없다는 것이다. 이런 해괴한 논리에 따라 이제 정신에 속하지 않는 감각이나 상상력은 '인간(=정신)'의 본질 바깥에 있는 이물질이 되고 만다. 이 엄청난 합리주의적 폭력.

부알로는 예술론에서 이 데카르트 정신을 대표한다. 이 고전주의 시학자는 예술을 이성의 지배하에 엄격하게 묶어두려 한다. 감각을 배제하고, 상상력을 의심하고, 나아가 다양한 예술취향을 단 하나의 보편적 규준으로 재단해버리고…… 이 이성의 횡포는 만인이 지켜야 할 '규칙'의 이름으로 행사된다. 가령 그가 극작의 규칙으로 내세운 악명 높은 '3일치의 법칙', 예술은 되도록 점잖아야 한다는 '비앙세앙스*bienséance*'의 요구, 거기에 가능한 한 대상을 자연에 충실하게 모방하라는 '브레상블랑스*vraisemblance*'의 요구까지 겹치면 예술이 뛰어놀 놀이공간은 극도로 좁아지고 만다.

법칙의 감옥

물론 이 숨 막히는 요구는 당시의 예술가들조차도 도저히 지킬 수 없는 것이었다. 가령 아리스토텔레스 『시학』의 오독에 근거한 '3일치의 법칙'을 보자. 사실 아리스토텔레스의 요구('하루해가 지나기 전에 극 속의 모든 행동이 완결되어야 한다')를 만족시키는 작품은, 부알로가 예술적 전범으로 삼은 그리스의 아티카 비극 작품 중에서도 실은 몇 안 된다. 당시라고 다르지 않았다. 부알로의 시학을 실천했던 고전주의 대가들이 지르는 비명.

"비평가는 신랄하기 쉽다. 그러나 그들이 열 편 이상의 극을 써서 대중 앞에 내놓으려 한다면 (……) 그는 나보다 더 법칙을 완화할 것이다."(코르네유)

"법칙에 맞게 쓴 극이 즐거움을 주지 못하는 반면 즐거움을 주는 극이 법칙에 맞지 않는다면, 그 법칙이 잘못 만들어졌다는 결론은 필연적인 것이다. 그러므로 대중의 취향을 제약하는 이러한 강변을 제거하자."(몰리에르)

이어서 비앙세앙스(=점잖음). 그는 이 요구로 예술에서 '그로테스크한 것' '창조적인 것' '에로틱한 것'은 철저하게 배제한다. 가령 베르니니의 「성 테레사의 엑스터시」. 성녀가 천사와 만나 영적 교감을 나누며 성적 오르가즘에 가까운 황홀경에 빠지는 장면이다. 만약 부알로가 이 '바로크 에로틱'을 보았다면, 아마 몰취향이라고 마구 비난을

잔 로렌초 베르니니, 「성 테레사의 엑스터시」, 1647~52

바로크 시대의 '엑스터시'에 대한 작품 중 가장 뛰어난 것으로, 성 테레사라는 스페인 수녀의 신비 체험에 토대를 두고 있다. 베르니니는 황홀경에 빠진 표정, 절정에 오른 자태를 흐를 듯이 접힌 옷자락과 함께 잘 표현하고 있다.

퍼부었을 게다. '점잖음'을 위해선 무엇보다 감정 표출을 억제해야 한다. 그래서 격렬한 파토스를 불러일으키는 부분은 전령의 대사로 처리하라고 주문한다. 그리스인들이 별 생각 없이 사용했던 장치가 졸지에 반드시 지켜야 할 규칙으로 둔갑한 것이다. 감정 표출의 억제가 어느 정도였던지, 심지어 당시의 한 평론가는 입술을 깨문 베르니니의 「다비드」가 점잖지 못하다고 시비를 걸 정도였다.

마지막으로 브레상블랑스. 이 진리 충실성의 요구는 상상력의 자유를 현저하게 제한한다. "상상이라는 용어 자체가 오류를 경고한다"라는 데카르트의 정신으로 그는 예술적 판타지를 영혼의 저급한 힘으로 격하한다. '이성과 자연은 그 수학적 질서라는 점에서 동일하다.' 이 고전주의적 인식론에 따라 그는 예술에게 진리 충실하게 자연에 일치할 것을 요구한다. 자연=이성. 여기서 상상력은 설 자리를 잃는다. '모방imitatio'은 객관적 진리로 격상되고, 예술적 '발명inventio'은 주관적 착란으로 격하되며, 이로써 주관적 창조의 계기는 예술의 밖으로 간단히 추방된다. 얼마나 광적이었던지, 심지어 고전주의의 대명사인 푸생마저 성경에 적힌 대로 낙타를 묘사하지 않았다고 평론가들에게 비난을 받았다.

예술적 판옵티콘

'3일치의 법칙'은 이 시절에 이성이 예술에 물린 재갈의 상상이다. 고전주의 미학은 예술을 '카논canon'이라 부르는 규칙의 목록 속에 감금해버렸다. 제재, 주제, 기법 일체를 망라하는 이 규칙의 목록은 '아카데미'라는 관제단체를 통해 모든 예술가에게 강제로 부과되었다. '규칙'은 누구에게나 적용되어야 하는 법. 이 보편성 속에서 개별성, 주관성, 다원성은 간단히 배제되고, 그 결과 단 하나의 획일적 예술취향만 남을 뿐이다. 이렇게 취향의 다양성이 단 하나의 공식 취향으로 모이는 과정은, 태양왕 루이 14세가 추진한 중앙집권화의 예술적 반영이었다. 즉, 모든 권력이 중앙의 절대왕정으로 모이듯이, 예술 취향 역시 아카데미라는 공공기관을 통해 단 하나의 공식 취향으로 통일되어야 했던 것이다.

'비앙세앙스'를 가진 '정직한 인간honnête homme'. 추한 것, 충격적인 것, 잔인한 것을 멀리하고 사랑과 에로틱의 표현을 자제할 줄 아는 점잖은 인간. 이것이 당시에 절대왕정이 보고 싶어하는 모범적 신민의 상이었다. 당시의 권력은 모든 신민을 바로 이 모범적 인간으로 개조하기를 원했다. (오늘날 우리 사회에서도 폭력과 에로틱의 표현은 '유해물'이나 '외설물'로 분류되어 검열의 대상이 되고 있음을 생각하라.) 저 혼자만의 주관적인 사고방식, 저만의 개인적인 행동방식을 버리고 오로지 미리 주어진 보편적 규칙만을 엄격히 따르는 순응적 인간. 생명의 힘과 저항의 파토스가 거세되어 점잖게 길들여진 인간. 이 근대적 인간상에서 우리는 절대왕정이 개개의 신민들의 몸속에 기입했던 생체권력의 메커니즘을 본다.

마지막으로 브레상블랑스의 요구. 예술은 자연의 진리 충실한 모방이어야 한다. 여기서 우리는 예술 속에 들어온 근대 자연과학의 정신을 본다. 이성=자연=빛. 자연과 이성은 그 수학적 질서 속에서 서로 일치한다. 따라서 이성은 자연을 남김없이 명료하게 인식할 수 있으며, 또 그래야 한다. 이는 예술에도 그대로 적용된다. 당시에 '모방'이란 말은 두 가지 의미를 갖고 있었다. 즉, 자연의 모방과 고대인의 모방. 하지만 부알로에게 이 둘은 하나였다. 그에게 고대인을 모방하는 것은 곧 자연을 모방하는 것이었다. 왜? 고대 그리스의 시인들은 인간의 자연(=본성)을 모방(=탐구)하는 데에 완벽한 전범이었으니까. 따라서 자연을 완벽하게 모방하기 위해 필요한 것은 독창성이나 상상력이 아니다. 문제는 고대인들이 남긴 규칙을 엄격히 지키는 것이다. 그리하여 예술에는 엄격한 규율과 통제가 필요하다는 것이다.

미셀 푸코는 『감시와 처벌』에서 근대사회를 거대한 판옵티콘에 비유했다. 감옥의 모든 방이 중앙의 한 점을 향하고, 거기에 선 단 한 명의 간수가 감옥 전체를 감시할 수 있는 벤담의 원형 감옥. 부알로의 고전주의 미학은 어쩌면 예술의 왕국에 설치된 이 원형 감옥인지도 모른다. 취미의 다양성을 단 하나의 공식적 예술취향으로 집중시키고(보편적 미적 규준으로서 '3일치의 법칙'), 규율과 통제로 모든 예술가를 감정과 상상력과 생식력이 거세된 순응적 존재로 길들이고(점잖은 인간의 덕목으로서 '비앙세앙스'), 아카데미를 통해 이들을 빠짐없이 세밀하게 과학적으로 감시하고 합리적으로 관리하는 판옵티콘(과학적 인식의 원리로서 '브레상블랑스').

판옵티콘의 중앙에는 언제나 감시의 눈길이 있다. 예술의 감옥에도 마찬가지다. 실제로 부알로는, 아주 당당하게, 자신을 미적 취향의 "검열자"라 불렀다.

바로크의 주변화

'명석판명'이라는 데카르트적 인식의 이상 속에는 고전주의 예술의 형식적 특징이 그대로 들어 있다. 모든 사실을 세부까지 빠짐없이 나열하여 분류하고 체계화하여 수학적 질서를 세운다는 그의 『방법서설』은 동시에 고전주의 예술의 형식화 원리이기도 했다. 그리하여 고전주의 회화 속에서 대상은 세부까지 명료하게 묘사되고, 화면 안에 묘사되어야 할 모든 대상이 빠짐없이 나열되며, 이 대상들이 엄격한 질서에 따라 배열된다. 반면 바로크 회화에서는 대상을 나타내는 윤곽선이 흐르다 도중에 끊겨버리고, 형태가 어둠 속에 가려 버리고, 형태의 명료함보다는 색채의 효과가 강조된다.

그 시대의 사람들은 이성과 자연을 '빛'이라 불렀다. 그래서 고전주의 회화의 화면에는 어두운 구석이 없다. 데카르트에 따르면 물질의 본질은 '연장'(=공간적 길이)에 있다. 그래서 고전주의 회화에선 대상의 공간적 외연을 나타내는 윤곽선이 강조된다. 데카르트는 감각을 이성의 왕국에서 배제해버렸다. 그래서 고전주의 회화에선 현란한 색채의 유희보다 윤곽선으로 둘러싸인 대상들의 수학적 비례가 중요하다. 하긴 기하학은 색깔이 없지 않은가. 데카르트는 상상력을 오류의 근원으로 보았다. 그리하여 고전주의 회화에선 모든 대상이 명석판명한 형태를 띠고 나타나고, 관찰자의 상상력을 발동시킬 불명료함을 남겨놓지 않는다.

이런 취향을 가진 사람들이 화면에 어둠이 가득 차고, 윤곽선이 흐르다 끊겨 형체가 불명료하고, 화려한 색채의 효과로 가득 찬 바로크 회화를 보고 과연 어떤 느낌을 가졌겠는가? 거기에 바로크 특유의 은밀한 관능성, 잔인성, 전율의 느낌까지 겹친다면? 그것을 명석 판명한 빛의 세계(=이성)를 위협하는 위험한 어둠의 힘으로 느끼지 않았을까? 그리하여 이들은 바로크 취향을 '기괴한 것'으로 낙인찍어 사회의 주변으로 몰아내려 했다. 부알로의 '시학'은 곧 이론의 영역에서 일어난 바로크 취향의 주변화를 의미한다. 이 시대의 예술에서 벌어졌던 배제의 드라마, 즉 기괴한 것, 에로틱한 것, 환상적인 것이라는 바로크 취향의 배제는, 당시 사회에서 실제로 일어났던 어떤 사회적 사건의 예술적 반영인지도 모른다. 즉, 푸코가 분석했던 광인, 장애자, 부랑인, 성도착자의 사회적 배제, 대감금과 감시의 드라마…….

푸생이냐 루벤스냐

사회적 배제와 대감금의 시대였던 '고전주의 시대'. 예술사에선 이 시대를 보통 '바로크 시대'라 부른다. 한 시대에 이렇게 상반되는 이름이 붙은 것은 고전주의 시대에도 예술만큼은 이성의 전일적 지배에 저항을 하고 있었다는 증거이리라. 사실 고전주의의 이상적 인간상이란 인간 존재의 그 모든 풍부함을 배제하고 만들어낸 이론적 추상일 뿐, 생명활동을 하는 인간을 위한 규정은 아닌 것이다. 예술은 더욱더 그러하다. 심지어 고전주의의 이론을 실천했던 예술가들조차 규칙의 독재 앞에서 비명을 지르지 않았던가. 부알로 역시 예술이 전적으로 합리적인 규칙으로 환원될 수는 없다는 걸 알고 있었다. 예술은 기하학이 아니다. 예술에는 규칙 외에 '+a'가 필요하다. 하지만 그것이 뭘까? 도저히 합리적으로는 설명할 수 없는

앙겔루스
노부스

니콜라 푸생, 「솔로몬의 재판」, 1649

회화에 관한 노트에서 푸생은 '사물의 형태'가 갖는 중요성에 관해 언급하며 "회화에서 색채란 눈을 유혹하는 미끼와 같은 것"이라고 말한다. 이렇게 고전주의 회화에서는 형태가 색채의 위에 놓이며, 색채는 형태를 분명하게 드러내주는 한에서만 그 가치를 인정받는다. 형과 색은 대상을 명확하게 드러내주어야 하며, 그렇게 묘사된 대상들이 화면 위에 기하학적 구도로 배치되곤 한다. 이 작품에서는 솔로몬과 두 어미가 삼각형의 구도로 배치되고, 좌우의 인물들도 대칭을 이룬다.

피터르 폴 루벤스, 「페르세우스와 안드로메다」, 1620~21년경

그것을 그는 그냥 '알 수 없는 것je ne sais quoi'이라 불렀다.

'뭔가 알 수 없는 것', 말로 표현할 수 없는 것, 이성의 빛으로 밝힐 수 없는 뭔가 어두운 것. 그것의 복권을 위해 고전주의의 횡포에 저항하여 바로크를 옹호하던 사람들도 있었다. 그래서 당시의 비평가들 사이에선 푸생(=고전주의)과 루벤스(=바로크), 둘 중 어느 것이 진정한 취향인지를 놓고 치열한 논쟁이 벌어지기도 했다. 시학에서도 마찬가지였다. 그런데 재미있게도 이 논쟁의 중심에 서 있었던 것이 바로 부알로가 번역하여 소개한 롱기누스의 『숭고에 관하여』였다. 과연 숭고를 어떻게 이해할 것인가? 고전주의의 추종자와 바로크의 옹호자 사이의 대립은 곧 '숭고'의 이해를 둘러싼 대립이었다.

'숭고에 도달하기 위해 고대인의 영감을 받아 창작을 하라'는 롱기누스의 접신론接神的은 사실 합리주의 정신에는 잘 어울리지 않는다. 예술사를 보아도 고전주의가 부과한 합리적 규칙의 질곡에 대항하는 예술의 싸움이 있는 곳엔 언제나 롱기누스가 의뢰할 마지막 권위로 서 있었다. 그런 의미에서 하필 고전주의 미학의 창시자가 이 책을 번역했다는 것은 미학사의 해프닝이 아닐 수 없다. 물론 이 책을 그는 제 식으로, 말하자면 합리주의 정신으로 읽는다. 그리하여 그에게서 '숭고'의 원래 의미는 현저히 탈색해버린다. 심지어 그는 후에 숭고에 도달하려면 그저 보편적 규칙에 몸을 내맡기라고까지 말하게 된다.

바로크의 옹호자들은 숭고를 다르게 이해했다. 그들에게 숭고란 언어로는 파악할 수 없는 어떤 자연적인 것, 그리고 예술은 이 근원적인 사연숭고에 '미메시스'적으로 접근하려는 시도였다. 사실 롱기누스의 정신에 더 가까운 것은 바로 이 바로크 옹호자들의 숭고다. 부알로의 숭고론은 주관이 객관을 합리적으로 파악하는 인식론적 모방$^{imi\text{-}tatio}$의 이론이라면, 적어도 바로크의 숭고론은 어렴풋이나마 근원적인 자연숭고와 하나가 되려는 고대의 존재론적 닮기^{mimesis}의 계기를 간직하고 있기 때문이다. 그리고 오늘날 포스트모던의 숭고미학(가령 아도르노)에 가까운 것 역시 바로 이 바로크의 숭고론이다.

상상력의 부활

대감금의 시대. 이 시절의 예술은 이성의 식민지였다. 그리하여 감각과 상상력은 제 땅에서마저 유배 생활을 해야 했다. 하지만 시간이 흐르면서 이 역관계에 서서히 변화가 생기기 시작한다. '미학'이라는 학명의 창시자로 알려진 바움가르텐은 합리주의의 틀 내에서 '감각'의 복권을 시도한다. 감각이 인식에 도움이 되지 않는다고 보았던 데카르트와 달리, 그는 감각 역시 일종의 인식, 즉 명료하지 않은 하위인식으로 간주해준다. 이만큼이나마 감각이 평가를 받게 된 것은 그가 살던 당시에 유행했던 예술취향, 즉 로코코라는 감각적/관능적 양식의 이론적 반영이었으리라. 시간이 더 흘러 낭만주의 시대에 이르면 드디어 '상상력'의 미학적 복권이 이루어진다. 가령 칸트의 미학을 생각해보라.

예술에 대한 과학의 우위. 이 고전주의적 천칭이 점점 반대편으로 기울더니 최근엔 역관계가 완전히 전도된 듯하다. 요즘은 예술이 정신을 지도하는 듯하다. 하긴 포스트모던은 학과 예술, 윤리학과 미학 사이의 경계를 허무는 경향이 있다. 최근에 우리 지식인들 사이에서

부쩍 예술가가 늘어난 것은 이 때문이다. 좋은 일이다. 한 가지만 지적하자. 합리적 논증을 할 자리에서 예술가가 되어 마구 상상력을 펼치는 이론가들. 이들은 포스트모던을 잘못 이해한 것이다. 포스트모던은 존재미학이다. 근대적인 인식론적 미학이 아니다.

이 시대에 부활시켜야 할 감각과 상상력이란 얄팍한 딜레탕트 취향이 아니다. 포스트모던의 감성과 상상력은 무엇보다도 시대의 고통을 예민하게 느끼는 진보적 감수성, 그리고 그 고통 극복의 실천적 방안을 찾아내는 창조적 상상력이어야 한다. 예술? 아, 그것은 잿빛 이론에 싫증난 게으른 지식인들의 해방구가 아니다. 부르주아적 삶을 치장하는 한 조각의 시도 아니고, 향유라는 이름의 소비의 대상도 아니다. 예술은 우리의 삶 자체를 예술적으로 조직하도록 이끌어주는 영감의 원천이어야 한다. 미메시스. 예술작품과의 존재론적 닮기. 이것이 포스트모던의 정신이다.

8

물, 불, 공기, 흙

: 자연의 숭고

"자연은 우리 몸 안에 위대한 것,
신적인 모든 것을 향한 억제할 수 없는 사랑을……"

— 위(僞)롱기누스

앙젤루스
노부스

니콜라 푸생, 「겨울(대홍수)」, 1660~64

푸생의 그림이다. 봄, 여름, 가을, 겨울의 풍경을 담은 연작 '사계' 중 「겨울」. 굳이 설명할 필요 없이 구약『창세기』에 나오는 대홍수의 장면이다.

"홍수가 땅에 사십 일을 있었는지라 물이 많아져 방주가 땅에 떠올랐고 물이 더 많아져 방주가 땅에서 떠다녔으며……"(창세기 7:17~18)

왼쪽 화면 절벽 위의 나무 밑으로 으스름한 달이 보이고, 바로 그 아래로 정처 없이 물 위를 떠다니는 방주의 모습이 보인다.

"물이 땅에 더욱 창일하매 천하에 높은 산이 다 덮였더니 물이 불어서 십오 규빗에 오르매 (……) 땅 위에 움직이는 생물이 다 죽었으니 곧 새와 육축과 들짐승과 땅에 기는 모든 것과 모든 사람이라. 육지에 있어 코로 생물의 기식을 호흡하는 것은 모두 다 죽었더라."(7:19~22)

화면 왼쪽 절벽을 보라. 차오르는 물을 피해 높은 곳으로 올라가는 "땅에 기는 모든 것" 중의 하나(=뱀)가 보인다.

겨울에 왜 홍수가 나느냐고 물을지도 모르겠다. 유럽에선 가끔 겨울에도 홍수가 난다. 대충 이렇게 때우고, 자, 오른쪽 화면 절벽 위로 두 그루의 커다란 나무를 보라. 거기서 좀 더 오른쪽으로 가면 조그만 나무가 또 한 그루 보인다. 올리브 나무다. 비가 멎고 노아가 날려 보낸 첫 번째 새는 물이 채 빠지지 않았는지 앉을 곳이 마땅치 않아 그냥 돌아왔고, 두 번째 새는 하루 종일을 헤매다 결국 이 나무의 잎사귀를 물어왔다.

"저녁때에 비둘기가 돌아왔는데 그 입에 감람(=올리브) 새 잎사귀가 있는지라……."(8:11)

물론 이 사건이 있었던 근동 지방에는 사계절의 구별이 없다. 그런데도 이 대홍수의 장면을 우리는 「겨울」의 정경으로 읽어야 한다. 왜? 바로 이 올리브 나무 때문이다. 즉, 꽃(=봄), 보리(=여름), 포도(=가을), 올리브(=겨울). 이것들은 과거의 예술가들이 사계절을 표현하기 위해 사용하던 관습적 기호이기 때문이다.

루브르 박물관의 어느 조그만 방. 사방으로 뚫린 통로 때문에 피자 조각처럼 네 조각난 원호형 방의 네 벽에 「봄」「여름」「가을」「겨울」

의 네 장면이 서로 마주보며 걸려 있다. 그림의 크기는 별로 크지 않다. 세로 117센티미터에 가로 160센티미터, 그러니까 웅장한 규모의 작품은 아니다. 게다가 푸생의 고요한 고전주의적 터치는 달빛에서 우러나오는 조용한 모노크롬의 색채와 합쳐지면서 대재앙의 아우성을 고요히 잠재운다. 심지어 왼쪽 화면 위쪽에서 대각선을 그리며 아래로 떨어지는 벼락의 소리마저도 우리에게는 전혀 들리지 않는 듯하다. 하지만 그것은 이미 온갖 잔혹하고 요란한 이미지에 익숙해진 우리 현대인의 감정일 뿐, 당시만 해도 사정은 달랐다.

푸생의 마지막 예술적 유언이었던 이 작품. 처음 이것이 공개되었을 때, 이를 보러 온 당시의 관객과 비평가 들은 이 그림 앞에서 마치 얼음처럼 그 자리에 얼어붙었다고 한다. 왜 그랬을까? 과거에 자연은 신의 피조물. 아무리 난폭해도 그것은 창조주인 신의 명령에 따라 움직이는 것. 그리하여 신의 자녀들은 창조주를 통해 자연의 폭력을 조정할 수 있었다. 기도의 힘으로. 물론 그 시대라고 하늘에 올리는 기도로 자연을 통제할 수는 없었겠지만, 적어도 그들은 자연을 신의 종교적, 주술적 통제 아래 놓고, 창조주와의 신앙적 일치 속에서 자연의 폭력을 적어도 심리적으로나마 극복할 수 있었다. 그러나 반석 같은 신앙이 약화되는 시기엔? 자연의 폭력 앞에 벌거벗은 인간은 무기력을 느끼게 되는 게 아닐까? 바로 이 때문이 아닐까? 그래서 그들은 저 자연의 폭력 앞에 압도당하여 얼음 기둥처럼 그 자리에 얼어붙었던 게 아닐까? 알 수 없다.

앙겔루스 노부스

숭고의 감정

어쨌든 저 그림을 보고 두려움에 얼어붙은 당시 사람들의 반응에서 우리는 역사에 등장한 또 하나의 미적 감정을 본다. 숭고의 감정. 이 그림이 그려진 것이 1660~64년 사이. 그리고 에드먼드 버크의 『숭고와 미의 관념의 기원에 대한 철학적 연구』가 발표된 것이 1757년. 그러니까 인류가 이 감정을 철학적으로 가공하기 100여 년 전에 푸생은 이미 이 새로운 세계의 감정을 예술적으로 표현하고 있었던 것이다. 물론 고대의 '숭고' 개념을 다시 미학의 범주로 끌어넣은 것은 부알로였다. 하지만 앞에서 말한 대로 그는 숭고의 고대적 의미를 그저 '문체의 위대함'으로 환원시켜버렸다. 위대한 문체는 고대인의 모방을 통해 도달할 수 있으며, 고대인의 모방은 오직 자기들이 세운 엄격한 규칙체계에 따를 때에만 가능하다는 것이다. 이 합리주의적 해석의 폭력 앞에서 '숭고'라는 낱말이 가진 원래의 '에네르기'는 간단히 거세되고 만다.

데카르트는 진리의 이상을 "명석판명함"으로 요약한다. 당시의 이론가들은 감정과 정서와 상상력의 세계인 예술마저 이 합리주의적 이상으로 정복하려 했다. 그것은 무엇보다도 색채의 효과보다 데생을 강조함으로써 대상에 되도록 명료한(=명석판명한) 형태를 주려는 고전주의 미학으로 나타났다. 아울러 이 이상이 근대적 예술체계가 형성되는 사회학적 과정에도 적용되었다. 가령 '명석판명'에서 '명석'이라는 말은 관념(= 우리 머릿속에 떠오른 대상의 모습)이 '명료하다'는 뜻이고, '판명'은 그것이 다른 관념과 뚜렷하게 구별된다는 뜻이다. 예컨대 '인간은 말하는 동물'이라는 고전적 정의 속에서 '동물'이라는 유개념類槪念은 '명석함'과, 그리고 인간을 다른 동물과 구별해주는 징표, 즉 '말하는'이라는 종차種差는 '판명함'과 관련이 있다. 과거에 전혀 서로 관계가 없었던 음악, 회화 등의 장르가 '예술beaux arts'이라는 이름으로 한데 묶여서 지금과 같은 근대적 예술체계를 이루는 과정. 그것은 곧 이들 장르들의 유개념과 종차를 밝히는 이론적 작업이기도 했다.

가령 샤를 바퇴는 저서 『단 하나의 원리로 환원된 예술들』에서 '예술'이라는 이름 아래 망라되는 장르들의 유개념으로 아리스토텔레스의 '모방' 개념을 제시한다. 즉, 음악이나 미술, 그 밖의 모든 예술은 다 현실의 모방이라는 거다. 여기서 여러 예술 장르의 언어는 '모방'이라는 "단 하나의 원리로 환원"된다. 물론 우리 눈에 '음악=현실의 모방'이라는 규정은 무지막지한 개념의 폭력으로 보인다. 하지만 이게 당시의 시대정신이었다. 어쨌든 이로써 '예술'의 유개념은 밝혀졌다. 즉, 그 개념이 "명석"함에 도달한 것이다. 이어 바퇴의 뒤를 따라 봇물처럼 쏟아져 나온 예술 장르론들은 이 유개념하에 각 장르가 서로 어떻게 구별되는지를 밝히는 데에 집중한다. 즉, 각 장르들의 종차를 규정함으로써 그 개별적 특성을 "판명"하게 만들려 했던 것이다. 이런 이론적 작업으로 각 예술들의 유개념과 종차가 규정됨으로써, 이제 개개의 예술작품만이 아니라 작품예술의 체계 역시 통째로 "명석판명"이라는 합리주의적 분류표 속에 망라되기에 이른다.

물론 당시에도 이 합리주의적 폭력에 대항하는 움직임이 있었다. 그 움직임을 이론적으로 가공하는 것은 주로 영국의 경험론자들이었다. 재미있는 일이다. 똑같은 책(롱기누스의 『숭고에 관하여』)이 대륙과 영국에서 이렇게 상이하게 읽혀서 상이한 예술론을 낳다니. 하긴 롱기누스의 논리에는 애매한 구석이 없지 않다. 가령 그는 고전가들을 모방해야 한다고 얘기하나, 그 모방을 기법의 모방이 아니라 고전가의 정신으로 돌아가는 접신接神의 체험으로 설명한다. 또 문체의 숭고에 도달하려면 천재가 필요하나, 동시에 이 자연적 능력은 어느 정도 후천적으로 계발될 수 있다고 말한다. 말하자면 플라톤의 비합리적 영감론과 아리스토텔레스의 합리적 테크네론이 교묘하게 결합하고 있었던 것이다. 따라서 서로 상반되는 두 요소의 이 위태로운 결합이 깨지고, 영국과 대륙에서 각각 그 반쪽씩만 받아들여진 건 어쩌면 논리적 필연인지도 모른다.

어쨌든 '숭고론'의 정신하에 영국의 경험론자들은 똑같이 '숭고론'을 전거로 내세운 부알로의 합리주의적 예술론에 대항했다. 가령 창작을 카논canon(합리적 규칙의 목록) 속에 묶어 두는 데에 반대하여, 미리 주어진 규칙에 얽매이지 않고 스스로 창작에 규칙을 주는 미적 입법자로서의 '천재'라는 개념. 모두에게 강요되는 단 하나의 공식적 예술취향에 반대하여 개개인의 미적 자율성을 강조하는 '취미'라는 개념. 예술을 수학적, 기하학적 진리의 이상(예술=진리)에 종속시키는 데에 반대하여 그것을 인간의 도덕성과 연관시키는 경향('미감'=도덕감). 그리고 인간의 이성적 파악 능력을 우습게 만들어버리는 압도적인 크기의 자연과 자연미에 대한 새로운 관심의 표현 등등. 독단적이기 짝이 없는 합리주의 예술론에 배치되는 이 모든 경향을 담을 개념적 그릇으로, 영국 경험론자들은 '숭고'라는 개념을 사용했다.

다시 그림으로. 17~18세기에 '숭고'가 부활한 것은, 당시에 번역된 롱기누스의 책과, 당시에 새로이 일어난 '자연'과 '자연미'에 대한 관심 때문이었다. 합리주의자에게 자연은 인간의 이성으로 정복해야 할 대상이다. 즉, 그들에게 자연은 그 크기를 수학적으로 측량할 수 있고, 그 운동을 역학적으로 계산하여 예측할 수 있는 대상이다. 물론 그것이 당시의 지식 수준으로써 가능했을지는 모르지만, 어쨌든 그들은 인간의 이성으로 자연을 남김없이 파악하여 정복할 수 있다는 낙관적 신념을 갖고 있었다. 하지만 이론적 이상보다 현실에 더 관심이 많았던 경험주의자들은? 그들은 자연에 대해 좀 더 현실적 견해를 갖고 있었다. 다시 푸생의 그림을 보라. 저 압도적 자연 속에서 허우적거리는 미미한 존재들. 저 압도적인 힘을 저 왜소한 자들의 이성으로 어떻게 정복한단 말인가? 이 벌거벗은 진리를 까맣게 잊고 있던 사람들이 막상 저 그림을 보았을 때, 그 느낌이 어떠했겠는가?

두 개의 자연

당시에 새로 부상한 자연에 대한 관심이 롱기누스의 영향을 받은 건지는 모르겠다. 하지만 그의 『숭고에 관하여』에는 그럴 가능성이 있다고 추측하게 해주는 단서가 있다. 왜소한 인간이 거대한 대자연 앞에서 느끼는 미적 체험에 대해 얘기하는 부분이다.

먼저 물에 대해서.

"우리는 조그만 시냇물을 보며 경탄하지 않는다. 그게 아무리 맑고 유용하다 해도. 우리가 진정으로 경탄하는 것은 나일 강, 도나우 강, 라인 강, 나아가 대양大洋이다."

이어서 불에 대한 묘사. 계속해서 그는 말한다.

"아무리 그 빛이 순수하다 해도 우리는 우리 자신이 땅에 지핀 불을 보며 경탄하지 않는다. 그것보다는 비록 가끔 어둡긴 하나 하늘의 별들, 또 돌과 암석을 땅 속에서 끌어올려 하늘로 내동댕이치고 용암 불을 땅 속에서 길어 올려 강물처럼 뿜어내는 에트나의 분화구야말로 더 경탄스러운 것이다."(35~4)

자, 이제 다음 페이지의 작품을 보자. 러시아 화가 브륄로프의 「폼페이 최후의 날」이다. 도판으로 보면 조그맣지만 세로 456.5센티미터에 가로 651센티미터의 대작이다. 그러니 저 그림을 눈앞에 실물로 본다고 상상해보라. 얼마나 끔찍하겠는가. 화산재가 하늘을 뒤덮어 화면 전체에 까만 장막을 드리우고, 그 어둠 속에서 화산에서 뿜어 나온 용암의 시뻘건 빛이 악마의 입처럼 아가리를 쩍 벌린다. 그 뻘건 입을 배경으로 노랗게 이글이글 타오르는 암석들이 마치 밤하늘의 유성처럼 사방으로 흩어진다. 화면 오른쪽 윗부분에서는 분화구가 "하늘로 내동댕이"친 "돌과 암석"에 맞아 두 개의 조각상이 힘없이 땅으로 추락한다. 그리고 그 아래 시퍼렇게 겁에 질려 있는 인간 군상. 그 와중에도 재물을 구하러 뛰어다니는 인간들. 두 아이를 끌어안은 어머니. 그리고 죽은 어미의 시체 옆에서 울부짖는 아기. 위대한 자연

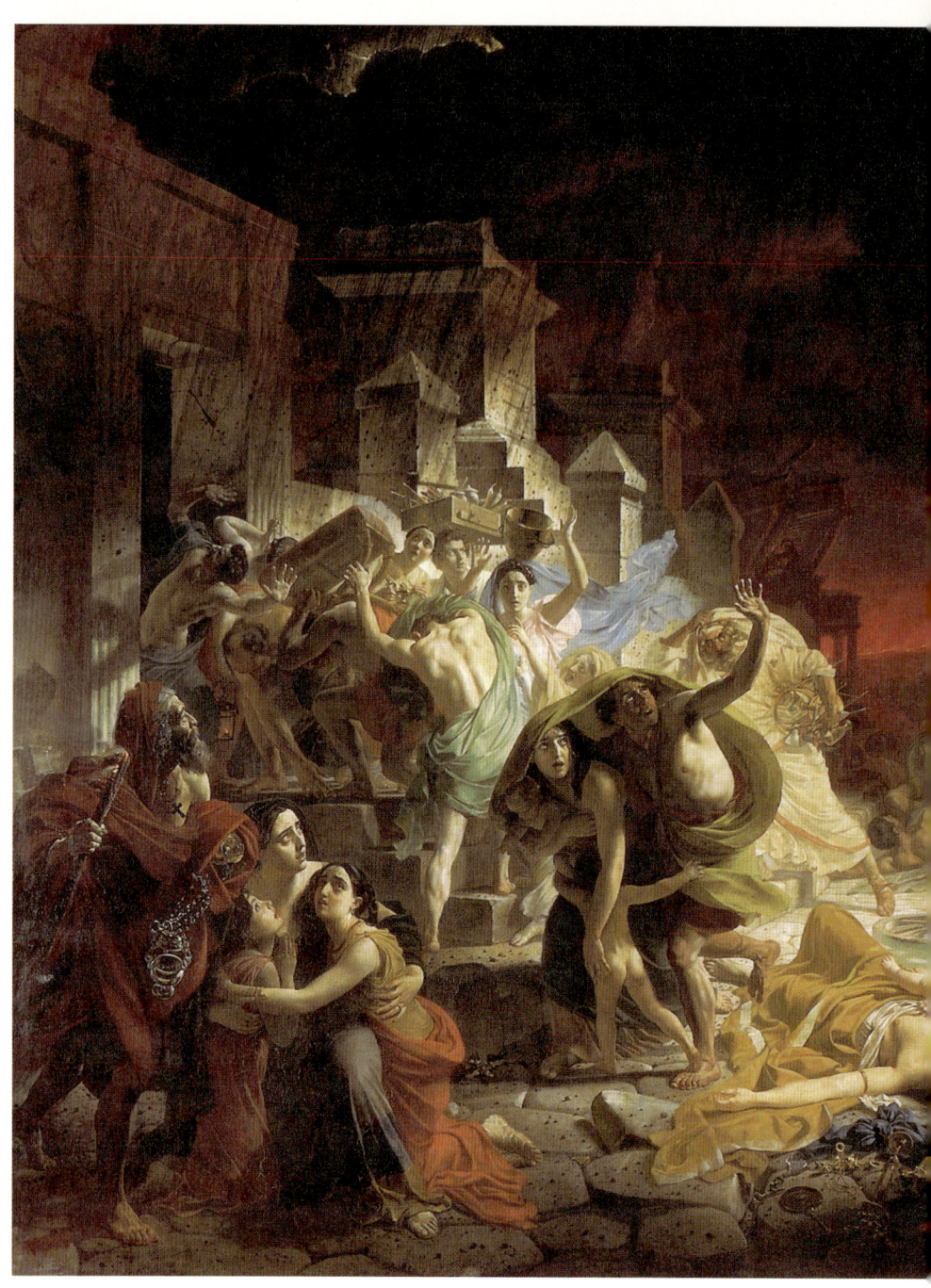

앙겔루스
노부스

칼 파블로비치 브륄로프, 「폼페이 최후의 날」, 1830~33

과 왜소한 인간의 이 콘트라스트.

낭만주의시대에는 이런 유의 '파국의 그림Katastrophenbilder'이 유행했다. 왜 그랬을까? 알 수 없다. 하지만 낭만주의가 합리주의에 대한 반발이었다면, 그것은 동시에 합리주의적 자연관에 대한 반발이 아니었을까? 그럴지도 모르겠다. 가령 데카르트적 합리주의는 자연을 수학적 계산에 따라 정복해야 할 대상으로 본다. 하지만 저 낭만주의자들의 그림에 나타난 자연은 결코 정복의 대상이 아니다. 더군다나 그 속의 인간은 결코 의기양양한 정복자가 아니다. 그들의 그림 속에서 인간은 왜소하기 짝이 없다. 인간은 언젠가 대자연의 품속으로 돌아가야 할 미미한 존재로 나타난다. 자연은 이 미미한 존재에게 정복당할 그런 존재가 아니다. 대자연은 그 압도적인 힘으로 대지 위에 인간 존재를 내뱉었다 금방 다시 삼켜버리는 압도적인 존재, 다시 말해 중세에 신이 차지했던 바로 그 위치에 있는 그런 신성한 존재다.

데카르트에게 살아 있는 것은 오직 정신이었다. 그리하여 그는 자연을 죽은 사물로 취급했다. 생각해보라. 심지어 그는 인간의 신체와 동물까지도 일종의 복잡한 자동기계로 보지 않았던가. 살아 있는 유기체까지도 역학적으로 운동하는 무기체로 간주하지 않았던가. 이 얼마나 끔찍한 발상법인가. 낭만주의는 이렇게 살아 있는 생명까지도 사물화하는 합리주의적 독단에 대항한다. 그것은 과학의 주제넘음에 대항하는 예술적 반발이다. 낭만주의자의 작품 속에서는 그 반대의 일이 일어난다. 합리주의가 생명체까지 죽은 사물로 만든다면, 낭만주의자들은 죽은 무기물까지 살아 움직이는 유기체로 만든다. 앞의 두 그림을 보라. 넘실넘실 살아 움직이며 모든 것을 삼켜버리는 물. 사방으로 뜨거운 불길을 토하는 화산. 이어서 터너와 생투르의 그림을 보라.(206~07쪽) 가랑잎처럼 떠 있는 배를 미친 듯이 흔들어대는 폭풍. 인간이 지상에 이루어놓은 모든 것을 순식간에 무너뜨리는 땅의 움직임. 물, 불, 공기, 흙. 플라톤이 세계의 근원으로 보았던 네 원소. 낭만주의자들의 그림 속에서 플라톤의 네 원소는 한갓 생명이 없는 무기물이 아니다. 그것은 살아 있다. 물은 솟구치고, 불은 춤추고, 공기는 날뛰며, 대지는 몸부림친다.

즐거운 공포

자연. 그것은 신성한 존재, 살아 있는 거대한 생명체다. 동시에 그 생명체의 힘은 인간의 능력을 가볍게 압도하고 그것이 지상에 이루어놓은 모든 것을 가볍게 무화無化한다. 그래서 위험하다. 우리에게 공포를 준다. 근대 숭고론의 아버지 버크의 말.

"어떤 형태로든 고통과 위험은 표상을 촉발하기에 적합한 것, 말하자면 어떤 식으로든 무시무시하거나 무시무시한 대상과 관련되어 있는 것 혹은 공포와 유사한 방식으로 작용하는 것은, 그것이 무엇이든 간에 숭고의 원천이다. 즉 그것은 우리의 마음이 느낄 수 있는 가장 강력한 정서를 낳는다."(『숭고와 미의 관념의 기원에 관한 철학적 고찰』I, 73)

자, 그런데 어떻게 그 공포의 정서가 우리에게 미적 쾌감을 줄 수

윌리엄 터너, 「눈보라」, 1842

장-피에르 생투르, 「지진」, 1806

있는 걸까? 그 쾌감의 정체는 대체 무엇일까?

버크는 심리학적 설명을 준다. 즉, 그 무시무시한 대상이 우리를 실제로 위협하지 않을 때, 그리하여 그 공포감이 우리가 감당하지 못할 정도로 지나치지 않을 때, 거기서 우리는 외려 즐거움을 느낄 수 있다는 것이다. 그는 이 감정을 "즐거운 공포 delightful horror"라 부른다. 이 모순적 표현. 하지만 어렵게 생각할 것 없다. 오늘날을 사는 우리도 비싼 돈을 내고 공포영화를 보러 가지 않는가. 왜? 그 공포 속에서도 뭔가 즐거움을 느끼기 때문이 아닌가. 사실 스크린 속의 그 끔찍한 물건이 스크린 밖으로 튀어나오지 않는다는 보장이 있다면, 그 공포는 외려 우리에게 모종의 즐거움을 준다. 마찬가지로 앞의 그림들을 보라. 저것은 내가 사는 현실 속에서, 내 눈앞에 벌어지는 사건이 아니다. 그렇기 때문에 나는 저 끔찍한 그림들을 보면서 외려 묘한 즐거움을 느끼는 것일 게다.

그의 설명은 영국인의 그것답게 아주 실용적이고 경험주의적이다. 하지만 여기에서 고대 숭고론의 본질적인 요소가 그냥 사라져버린다. 다시 롱기누스에게로. 앞서 인용한 부분에서 그는 이렇게 말한다.

"자연은 우리를 비천하고 저속한 존재로 간주하지 않고, 마치 축제에 초대하듯이 우리를 삶 속으로, 세계 속으로 초대하여, 우리가 자기(=자연)가 하는 일의 관객이자 그의 명예로운 전우가 되게 하였다. 자연은 우리 몸 안에 위대한 모든 것, 우리보다 신적인 모든 것을 향한 억제할 수 없는 사랑을 심어놓았다."(35-2)

존 마틴, 「신의 분노의 날」, 1853년경

한마디로 자연은 우리 몸 안에 위대한 것, 신적인 것에 대한 사랑을 심어놓았고, 그리하여 우리는 자연 속에서 위대한 것, 고귀한 것을 기꺼이 보고 즐기며, 그로써 자연과 한편이 된다는 얘기다. 말하자면 자연의 숭고를 보는 가운데 인간 자신이 명예로운 자연의 편, 즉 자연처럼 숭고한 존재라는 사실이 드러난다는 것이다.

자연의 위대함을 바라보고 사랑하는 데에서 인간의 위대함이, 즉 "인간이 무엇인지 하는 것이 계시된다."(35-3) 롱기누스에게는 자연과 인간 사이의 존재론적 닮기, 즉 미메시스의 관계가 있었다. 하지만 버크에게서는 이것이 사라진다. 사실 버크가 말하는 '숭고'는 외려 '무서운 것' '으스스한 것'에 가깝다. 여기서 자연의 압도적 힘은 인간에 적대적인 것으로만 나타난다. 이를 완화시키기 위해 그는 '그 힘이 내 생명을 위협하지 않을 때'라는 단서를 붙여야 했다. 한편 합리주의자들의 태도는 이와 정반대다. 그들은 거꾸로 자연을 인간의 정복 대상으로 보았다. 여기서도 인간과 자연의 관계는 별로 우호적이지 못하다. 그저 이번엔 인간이 거꾸로 자연에 위협을 가한다는 차이가 있을 뿐. 인간과 자연의 이 적대적 관계를 해소할 수는 없을까?

인간과 자연

다음의 그림을 보라. 카스파르 다비트 프리드리히의 작품이다. 여기에서 우리는 또다른 종류의 숭고한 자연을 본다. 여기에 나타난 자연은 앞의 그림들에서처럼 그 폭력적인 힘을 가지고 인간을 위협하지 않는다. 그저 묵묵하게 펼쳐질 뿐. 망망대해와 그 앞에 선 수도승. 압도적인 바다의 규모에 묻혀 저 조그만 인물은 눈에 띄지도 않는다. 프리드리히는 이와 같은 종류의 그림을 많이 그렸다. 광활하게 펼쳐진 쓸쓸한 광야. 산정에서 바라본 구름바다. 그 아래로 끝없이 펼쳐지는 산맥들. 이렇게 "그것을 바라볼 때 무한성의 생각이 떠오르는 그런 현상들 속의 자연"(『판단력 비판』, B94)을 칸트는 "수학적 숭고"라 부른다. 반면 앞의 그림들, 그리고 존 마틴의 묵시록적인 작품 속에 나타나는 그런 자연현상들, 즉 살아서 꿈틀거리며 그 압도적인 힘으로 인간을 위협하는 "재해, 폭풍, 지진 혹은 진노를 일으키는 신"(B107)을 그는 "역학적 숭고"라 부른다.

에드먼드 버크가 거세된 숭고에서 그저 심리적 즐거움을 챙기는 데에 그친다면, 칸트의 초월론적 숭고론은 다르다. 거기에는 롱기누스가 얘기했던 자연과 인간의 미메시스 비슷한 것이 있다. 숭고의 감정을 "즐거운 공포"라 불렀던 버크처럼 칸트도 숭고의 심리를 '쾌와 불쾌'가 모순적으로 공존하는 상태로 본다.

가령 자연의 거대함(=수학적 숭고)은 인간 오성의 파악 능력을 넘어서기에 불쾌감을 준다. 동시에 그로 하여금 유한한 오성의 한계 너머로 무한성의 이념을 예감하게 해주기 때문에 즐거움을 준다. 한편 자연의 압도적인 물리력(=역학적 숭고)은 인간을 아무것도 아닌 존재로 만들어버린다. 하지만 이 불편한 느낌 속에서 비로소 인간은 자기가 한갓 물리적 존재에 불과한 게 아니라 이성적으로 행위하는 도덕적 존재라는 사실을 깨닫게 된다. 즉, 그 어떤 자연의 물리력도 우리 내부의 인산성만큼은 파괴할 수 없다는 사실을 깨닫게 되고, 이 깨달음이 인간에게 즐거움을 준다는 것이다. 가령 "인간은 생각하는 갈

카스파르 다비트 프리드리히, 「해변의 수도승」, 1808 혹은 1810년

대"라고 한 파스칼을 생각해보라. 무한한 자연은 인간을 절멸하는 데에 단 한 방울의 독으로 충분하지만, 그래도 인간은 자기가 죽는다는 것을 안다는 점에서 세계에서 가장 위대한 존재다. 숭고에 대한 칸트의 감정도 이와 비슷한 것이다. 이렇게 자연의 숭고는 인간으로 하여금 자기 자신의 위대함을 깨닫게 해줌으로써 인간을 숭고로 끌어올린다. 이렇게 칸트의 초월론적 숭고론에는 아직 고대적 미메시스의 계기가 어렴풋이 남아 있다. 하지만 칸트는 어디까지나 계몽의 시대를 살았던 철학자, 그리하여 그 역시 인간을 자연의 위에 올려놓는 합리주의적 독단에서 자유롭지는 못했다. 가령 그에게 숭고한 것은 자연물 그 자체가 아니다. 숭고한 것은 인간 속에 들어 있는 이상적인 계기이고, 자연의 숭고는 우리에게 이를 기억시켜주는 데에 불과하다. "진정한 숭고는 (……) 자연의 대상이 아니라 그것들을 판단하는 자의 마음속에서 찾아야 한다." 이것이 바로 근대 철학의 인간중심주의다.

자연의 위압에 맞서는 인간의 위대함을 강조하는 것은 물론 좋은 일이다. 하지만 인간을 간단히 자연의 위에 올려놓는 근대철학의 인간중심주의가 우리에게 무엇을 가져다주었는가? 그 끔찍한 결과를 우리는 지금 곳곳에서 보고 있지 않은가. 환경의 파괴, 자연의 화폐화, 영혼의 사물화, 생명의 도구화.

포스트모던의 미학이 '숭고'의 부활을 꿈꾸는 것은 바로 이 때문이다. 인간과 자연이 서로 평등한 관계에서 진정으로 존재론적 닮기를 하는 세상. 그리하여 자연과 인간이 함께 숭고함에 도달하는 세상. 그런 세상을 만들기 위해 인류는 '인간중심주의'라는 이름의 유치한 자화자찬의 패러다임을 극복하고 좀 더 겸손해져야 한다. 우리의 포스트모던은 이제 생태론적 미학을 얘기해야 한다.

9

자연의 결함?

: 자연미 Vs. 예술미

"자연미는 본질적인 결함을 갖고 있기에……"

—헤겔

앙겔루스
노부스

요아힘 파티니르, 「이집트로의 피난 중의 휴식」, 16세기 초

파티니르의 작품이다. 헤롯의 군대를 피해 이집트로 도망가는 길에 휴식을 취하는 성모와 예수의 모습이다. 성경은 이 장면을 너무나 간략하게 묘사한다.

"주의 사자가 요셉에게 현몽하여 가로되 헤롯이 아기를 찾아 죽이려 하니 일어나 아기와 그 모친을 데리고 애굽으로 피하여 내게 이르기까지 거기에 있으라 하시니 요셉이 일어나 밤에 아기와 그의 모친을 데리고 애굽으로 떠나가……."(『마태복음』 2:13~14)

이게 전부다. 중세 민중의 서사적 감성은 도저히 이것으로 만족할 수 없었다. 그래서 그들은 성서가 남긴 공백을 풍부한 상상력으로 채워넣었고, 위僞 복음서들과 『황금의 전설Legenda Aurea』과 같은 성인 전설집을 통해 우리 시대에까지 전해지고 있다.

사실 저 그림 안에는 중세인들의 상상이 만들어낸 얘기들이 들어 있다. 그림 전면을 보라. 마리아와 예수가 불을 피워놓고 앉아 있다. 왼쪽 마을에서 요셉이 먹을 것을 구해오고 있다. 어떤 그림은 요셉이 불을 피워놓고 아예 밥을 하는 장면을 보여 주기도 한다. 물론 이는 성경에는 안 나오는 얘기다. 오른쪽 나무 옆에 보이는 마을에선 헤롯의 군대가 두 살 이하의 아기들을 살해하고 있다(='예루살렘의 영아 살해'). 이 얘기는 간략하게나마 성경에 나온다. 하지만 이런 유의 그림의 밑바탕이 된 『황금의 전설』은 성경이 휑하니 공백으로 남겨둔 부분을 풍부한 서사적 상상력과 제법 그럴듯한 역사학적 고증(?)으로 채워넣고 있다.

'영아 살해'가 벌어지는 앞쪽에는 중세인들이 즐겨 얘기하던 전설(='보리밭의 기적')이 묘사되어 있다. 이집트로 도망가던 성가족^{聖家族}이 마침 씨를 뿌리는 농부 곁을 지나갔다. 이들은 헤롯의 군대에 쫓기는 중이다. 이때 보리 씨를 뿌리던 농부 앞에 천사가 나타나 이르기를, 헤롯의 군대가 와서 '이들이 언제 지나갔는지' 묻거든 정직하게 대답하라고 명한다. 그 말이 떨어지자마자 방금 뿌린 보리 씨에서 갑자기 싹이 트고 잎이 나더니 순식간에 이삭이 열려, 빈 들판이 알차게 영근 보리 이삭의 물결로 가득 차게 되었다. 이윽고 헤롯의 군대가 도착하여 성가족의 행방을 묻는다. 농부는 물론 정직하게 대답한다. "그들이 지나갈 때 나는 막 씨를 뿌리고 있었다." 그러자 군대는 보리 이삭을 힐끗 보더니 추적을 포기하고 발머리를 되돌렸다는 얘기다. 저 바위산에도 이야기가 숨어 있다. 성가족이 이집트의 신전 안으로

앙겔루스
노부스

요아힘 파티니르, 「이집트로의 피난 중의 휴식」, 16세기

이 그림에서는 요셉이 아예 불을 피워 놓고 밥을 짓고 있다.

들어가자 갑자기 이교도들의 신상이 힘없이 무너져 내렸다고 한다.

잘 보이진 않지만 가로 177센티미터, 세로 121센티미터의 그림 안에는 이렇게 수많은 사건이 벌어지고 있다. 하지만 그 사건들은 작게 묘사되어 있어, 그 장면들을 보려면 바짝 붙어서 허리를 구부려야 한다. 보통 그림처럼 거리를 두고 바라보면, 그저 한 장의 고요한 '풍경화'처럼 보일 뿐이다. 헤롯 군대의 말발굽 소리도, 살해되는 영아와 어미 들의 비명도, 신상과 신전이 무너지는 요란한 굉음도 저 조용한 풍경은 넉넉히 감싸 조용히 잠재운다.

'풍경화.' 근데 저 그림은 실은 풍경화가 아니었다. 저 시절엔 아직 풍경이라는 장르가 없었고, '풍경화'라는 말도 없었다. '풍경화'라는 말을 처음 사용한 것은 알브레히트 뒤러였다. 파티니르의 그림을 보고 돌아온 뒤러가 그를 "풍경화가"라 불렀다고 한다. '풍경'이라는 개념은 여기서 비롯된 것이다. 뒤러의 안목 덕분에 파티니르는 서양 예술에서 최초의 "풍경화가"가 될 수 있었다. 중세 때만 해도 풍경은 존재하지 않았다. 그것은 그저 사건이 일어나는 배경으로서만 의미를 가졌을 뿐이다. 그나마 공간적 배경이 등장하는 것도 「최후의 심판」과 같은 몇몇 장르에서뿐이다. 하지만 그림을 보라. 저기서 중요한 것은 성경 속의 얘기가 아니라 자연의 풍경이다. 성경 속의 얘기들은 잘 눈에 띄지도 않는다.

공간과 시간의 정복

일찍이 레오나르도 다 빈치도 파티니르에 앞서 아예

인물이 없는 풍경을 그린 바 있다. 사건의 배경parergon으로만 기능하던 자연. 그것의 묘사가 왜 갑자기 독자적인 장르가 되었을까? 공간에 대한 이 관심. 어디서 비롯된 것일까? 알 수 없다. 중세 때만 해도 자연은 인간들에게 막강한 적대자였다. 그래서 인간들은 자연을 존중하는 태도를 갖고 있었다. 근세로 접어들면서 사정은 달라진다. 자연을 대하는 인간의 태도에 점차 변화가 생기기 시작한 것이다. 서서히 발전하던 과학기술과 더불어 자연은 정복의 대상으로 간주되기 시작한다. 인물이나 사건이 아니라 순수 공간에 대한 관심. 그것은 자연을 대하는 인간들의 이 변화된 태도에서 비롯된 것이 아닐까? 그것은 회화적 수단으로 공간을 정복하려는 의지에서 비롯된 현상이 아닐까?

묘사 대상의 원근을 표시함으로써 이차원의 평면에 공간적 깊이를 주는 최초의 방법은 '공기원근법'이었다. 앞의 그림을 보라. 근경은 원색으로 칠해진 반면에 원경은 금속 표면을 연상시키는 옅은 하늘색으로 칠해져 있다. 이 간단한 조작으로 우리의 눈은 이차원의 평면을 뚫고 들어가 저 멀리 지평선까지 인도되면서 삼차원 공간의 깊이감을 느낄 수 있다. 하지만 어딘가 어색한 구석이 있다. 이 어색함을 없애기 위해서는 '선원근법'이라는 것이 등장하기를 기다려야 했다. 물론 파티니르가 저 그림을 그리기 이전에 이탈리아에서는 이미 선원근법이 사용되고 있었지만, 르네상스의 물결이 뒤늦게 전파된 북유럽의 화가는 아직 이 방법을 알지 못했던 것 같다.

선원근법을 창시한 브루넬레스키는 손거울에 비친 건물의 모습이 자신의 원근법에 따라 묘사한 것과 정확히 들어맞는다는 것을 보여

마사초, 「삼위일체」, 1427~28년경 (왼쪽)
「삼위일체」의 선원근법의 도해 (오른쪽)

준 바 있다. 이 새로운 기술은 친구 마사초가 최초로 회화에 도입한다. 마사초의 그림을 보라. 이것은 피렌체의 산타 마리아 노벨라 성당의 벽에 그려진 「삼위일체」로, 서양 회화에서 선원근법(혹은 중앙원근법)이 사용된 최초의 예다. 작품의 소실점을 찾아보라. 부채꼴로 펼쳐진 선들을 따라가면 선들이 만나는 지점에 도달한다. 십자가 바로 밑. 화가의 눈은 바로 거기에 위치한다. 재미있게도 관찰자의 눈높이 또한 그 자리에 오게 되어 있다. 그리하여 보는 이에게 실제로 성당의 벽을 뚫고 삼차원의 공간이 열린 듯한 착각을 불러일으킨다.

공간을 정복하려는 시도와 함께 시간을 정복하려는 시도도 이루어진다. 다시 파티니르의 그림을 보라. 거기에는 여러 시간에 걸쳐 일어난 일들이 한 공간 안에 동시에 묘사되어 있다. 물론 이는 있을 수 없는 일이다. 그리하여 이제 회화적 수단으로 시간을 특정特定하려는 시도가 이루어진다. 먼저 계절에 따른 풍경의 변화를 묘사하는 데에서 출발하여 나중엔 하루의 여러 때를 묘사하는 단계로. 루브르 박물관에 걸려 있는 푸생의 '사계' 연작은 재미있게도 네 계절과 하루의 네 때의 묘사를 한 그림 안에 교차시켜 묘사하고 있다. 회화적 수단으로 시간의 차이를 표현하려는 시도는 큰 단위에서 출발하여 점차 세분화되면서 나중엔 찰나적 '순간'을 묘사하는 정교한 수준까지 발전하게 된다. 가령 순간적 인상을 포착하려 했던 인상주의 화가들을 생각해보라.

니콜라 푸생, '사계' 연작(왼쪽 페이지 「봄」과 「여름」, 오른쪽 페이지 「가을」과 「겨울」), 1660~64

자연은 보고寶庫

근대 이후의 서양의 미술사는 회화적 수단으로 공간과 시간을 정복하려는 시도로 볼 수도 있을 게다. 공간과 시간은 존재의 형식이다. 그리하여 일단 공간과 시간이 정복되면, 이 확보된 형식 안에 우리는 사물들을 질서정연하게 배열할 수가 있다. 이렇게 회화적 수단으로 자연을 정복하려는 인간의 시도. 그런데 왜 갑자기 이런 변화가 일어난 것일까? 앞서 얘기했듯이 자연에 대한 인간의 태도가 변했기 때문이리라. 그것은 물론 과학적 인식의 발달 때문이기도 하지만, 동시에 그 바탕엔 어떤 끈적끈적한 물질적 사정이 깔려 있었을 게다. 가령 자연을 경제 행위의 모태로 삼는 중세 농업경제에서 이윤 추구를 위해 자연을 마음대로 착취하는 초기 자본주의로의 발달. 풍경의 자립화는 바로 이 자본주의적 정복욕의 예술적 표현이 아닐까?

이 그림을 보라. 헤리 메트 데 블레스의 「구리 광산」이다. 저 조그만 그림 안에는 광산에서 이루어지는 다양한 활동의 장면이 담겨 있다. 채광을 하여 마차로 광석을 나르고 제련을 하고……. 정면의 오두막집 위의 숲속으로 거대한 성이 보인다. 이 성은 광산의 소유 관계를 표시한다. 이 시절 광산은 대개 귀족들의 사적 소유물이었다. 그의 사적 이윤 추구욕을 위해 땅은 파헤쳐지고, 나무는 갱목과 제련 공정의 연료가 되기 위해 베이고, 숲은 수송을 위해 파괴되어간다. 오늘날 우리에게 너무나 익숙해진 관점, 즉 자연을 삶의 터전이 아니라 그저 무한히 착취가능한 자원의 보고寶庫로만 바라보는 관점. 그 관점이 여기서 최초의 예술적 표현을 얻고 있다. 여기에 묘사된 것처럼 자

앙겔루스
노부스

헤리 메트 데 블레스, 「구리 광산」, 1480~1550

연을 인간의 필요에 맞게 개조하는 것을, 근대 철학자들은 자랑스레 "자연의 인간화"라 불렀다.

무기적 자연과 유기적 자연

다시 그림을 보라. 배후에 우뚝 솟은 암석의 산들은 앞에서 본 파티니르의 그림 속의 바위산을 연상시킨다. 실제로 그는 파티니르에게서 배웠고, 그의 작품은 종종 파티니르의 것으로 오인되기도 했다. 저 기괴한 모습의 바위산들. 그것은 이 그림을 그린 화가들이 지표면의 자연사 historia naturalis에 대해 어느 정도 안목을 갖고 있었음을 보여 준다. 자연도 역사를 갖고 있다. 융기와 침강, 침식과 퇴적의 과정을 통해 시시각각 변하는 지표면에 기록된 자연의 역사. 그것은 지질학의 연구 대상이다. 비록 오늘날과 같은 의미는 아니라 할지라도 당시에도 이미 지질학에 대한 관심은 있었다. 물론 그것은 당시에 성행했던 광산업과 관련이 있다.

한편, 이런 '무기적' 자연에 대한 관심과 함께 '유기적' 자연(=동식물)에 대한 관심도 증대한다. 광산에서 발굴된 괴상한 동물들의 뼈는 당시 사람들에게 호기심의 대상이었음에 틀림없다. 생물학이 없었던 그 시절, 그 뼈를 보며 당시 사람들은 성 게오르그가 물리쳤다던 용가리龍를 생각했을지 모른다. 어쨌든 진화론이 등장하기 이미 오래전에 당시 사람들은 돌로 변한 동식물의 모습을 바라보며 거꾸로 무기적 자연에서 유기적 자연이 탄생하는 또 다른 자연사를 예감했을지도 모른다. 온갖 기괴한 형상으로 가득 찬 히에로니뮈스 보스의 그

히에로니뮈스 보스, 「쾌락의 정원」 오른쪽 패널의 부분, 1480~1505년 사이

림을 보라. 그 안에선 광물학적, 식물학적, 동물학적 형상, 인간의 형상이 어지럽게 뒤섞여 초현실주의적인 효과를 내고 있다. 그가 '광물→식물→동물→인간'이라는 진화론적 도식을 머릿속에 품고 있었는지는 모르겠다. 하지만 그가 적어도 무기적 자연과 유기적 자연 사이의 상호 변환의 가능성을 염두에 두고 있었음에는 틀림없다. 그런 의미에서 그의 그림은 흔히 알려진 대로 정신분석학적 고찰의 대상이 될 초현실주의적 환영이 아니라, 어쩌면 논리적으로 충분히 성립 가능한 어떤 생물학적 가설의 표현인지도 모른다. 어쨌든 무기적 자연에서 유기적 자연, 거기서 점차 고도로 발달한 유기체들이 발생한다는 이 도식은 진화론이 등장하기 전에 이미 유럽인들의 멘탈리티 속에 들어가 있었다. 가령 헤겔이 그의 『자연철학』에서 자연의 역사를 논할 때, 그는 아직 다윈의 이론을 모르고 있었다.

자연미와 예술미

관념론자인 헤겔에게 자연은 외화된 정신이다. 즉, 로고스(=세계의 설계도)가 자기 밖으로 나와 자기가 아닌 타자가 된 것이 바로 자연이라는 것이다. 로고스는 왜 자신을 타자로 만들어야 했을까? 자신을 인식하기 위해서라고 한다.

가령 우리 자신의 모습을 보려면 우리는 자신을 거울에 비추어 보아야 한다. 마찬가지 원리다. 자신을 인식하기 위해 정신은 타자인 물질로 변해 결국 자연이 되었던 것이다. 그리고 이 자연 속에서 비로소 절대자(=세계정신)의 자기 인식이 시작된다. 사실 자연에는 여러 단계가 있다. 먼저 정신이 완전히 물질 속에 흡수되어 아무런 흔적도 갖지 못할 때 무기적 자연이 형성된다. 헤겔은 무기적 자연에 '미'라는 속성을 부여하기를 거부한다. 왜? 헤겔에게 미는 "이념의 감각적 현현"이다. 여기서 "이념"이란 이데올로기라는 뜻이 아니라 '개념과 실재의 일치'를 말한다. 다리가 다섯 개 달린 돼지(=실재)는 '돼지'의 개념과 일치하지 않는다. 그것은 '이념'이 아니다. 광물의 형태로 존재하는 무기적 자연도 마찬가지다. 그것은 아직 형태도 없고, 조화도 없고 내적 질서도 없는 물질의 덩어리일 뿐이다. 무기적 자연이라는 '실재'는 그로부터 코스모스(=조화)가 솟아나야 할 카오스(=혼돈)의 상태. 따라서 거기에는 그것이 들어맞아야 할 '개념', 즉 그 형태나 모양이 이러저러해야 한다고 규정해 줄 개념이 없다. 가령 파티니르의 그림 속의 암석의 모습을 보라. 그것은 아무렇게나 생겨도 암석이 되는 데에는 아무 지장이 없다. 따라서 "생명이 없는 무기적인 자연은 이념에 부적합"(178)하다. 즉, 그것은 아름답지 못하다.

헤겔에게는 오직 "생명이 있는 유기적 자연만이 이념"(178)이 될 자격이 있다. 하지만 "식물에는 아직 영적인 생동성이 깃들여 있지 않다." 식물은 비록 "유기적으로 구성되어 있기는 해도 그 활동은 계속 밖으로 뻗어나가기 때문이다."(199) 한마디로 식물은 비록 정해진 형태를 갖고 있으나 죽을 때까지 계속 자람으로써 그 형태에 한계가 없다는 것이다. 또 식물은 그 지절枝節을 꺾어 심어도, 거기서 새로운 개체가 발생한다. 이는 식물의 내적 조직화 혹은 식물이라는 개념의 규정성이 느슨하다는 증거다. 동물의 경우 손가락을 자르면 곧 썩어버린다. 그것은 동물의 지절들은 전체와 긴밀한 유기적 연관을 갖고 있어, 시스템의 통일성이 식물보다 더 강하기 때문이다. 따라서 식물에는 미가 있어도 그리 대단하게 평가해줄 것은 못 된다는 것이다.

동물은 다르다. "영혼과 육체의 통일성…… 생명은 바로 이 통일성 때문에 이념의 첫 번째 자연현상이 된다." 동물에는 내면이, 즉 식물에 없는 "자기감정과 영혼"이 있다. 하지만 그림을 그림으로써 자기의 재능을 밖으로 드러내거나(=외화) 말을 함으로써 제 생각을 밖으로 표현하는 인간과 달리, 동물은 제 내면(=감정과 영혼)을 밖으로 표현할 수가 없다. 이 점은 동물의 외형에서 벌써 나타난다. 가령 동물의 피부는 "비늘, 머리카락, 털, 가시, 껍질" 등으로 덮여 있다. 이 외피는 동물의 것이나 그 형태는 실은 식물적인 형태이다. "바로 여기에 동물의 생동성이 갖는 주요한 결함이 있다. 즉, 동물 유기체에서 드러나 보이는 것은 영혼이 아니다."(210) 그저 신체적 운동일 뿐이다. 그의 영혼은 두터운 외피 속에 갇혀 있어 밖으로 나오지 못한다. 한마디로 동물은 자기의 영혼을 표현할 능력이 없다.

헤겔에게 밖으로 외화를 거쳐 다시 내면으로 돌아옴이 없이 단지 내면에만 머무는 것은 현실적real인 존재(=진정한 존재)가 아니다. 생명체 중에서 자신의 내면을 밖으로 외화했다가 다시 안으로 귀환할 능력을 가진 건 오직 털 없는 원숭이뿐이다. "인간에게서는 그의 영혼과 감정이 하나로 통합되어 있다는 사실이 그의 신체 도처에서 나타"난다. 가령 "인간의 피부는 식물처럼 생명력 없는 껍질로 덮여 있지 않고 피의 맥동이 모든 표피에 드러난다."(210) 안을 밖으로 내보이는 이 특수성과 유사하게 인간의 '자아'는 동물처럼 즉자적으로an sich 통일성을 갖는 데에 그치지 않고 대자적으로도fur sich 통일성을 갖는다. 다시 말해 자기 자신이 누구인지 스스로 알고, 이를 밖으로 표현함으로써 자신의 영혼을 밖으로 드러낼 능력이 있다는 것이다. 그런 의미에서 인간이야말로 자연 중에서 가장 아름다운 존재다. 하지만 인간 역시 아직은 동물이어서 우연한 현실적 조건에 얽매여 있어 아직 완전한 자유, 완전한 자립성을 가지고 무한한 이념을 실현하지는 못한다. 말하자면 질료, 물질, 우연성의 저항에 부딪혀 자유로이 정신적 능력을 펼치지 못한다는 것이다. 이것이 바로 자연미의 한계다. 이런 한계를 가진 인간이 무한한 자유에 도달하는 방식 중의 하나가 바로 예술이라고 한다. 이렇게 그는 자연미의 결점에서 예술미의 필연성을 끄집어낸다. 예술이 자연이 가진 미적 결점을 보완한다는 생각은 합리주의 미학의 본질적 특징에 속한다. 사실 자연 속에서 완벽한 아름다움을 가진 것을 찾기란 얼마나 어려운가. 하지만 예술은 대상들을 자유로이 취사선택함으로써 현실보다 완벽한 또 하나의 현실을 창조한다.

자연의 위엄

"자연미는 본질적인 결함을 가지고 있기 때문에 우리는 한 걸음 더 나아가 이상미로 눈을 돌리게 된다. 이 이상은 자연에서는 발견할 수 없다. 그러므로 자연미는 이상과 비교해서 열등한 것으로 나타난다."(206)

이렇게 결함 많은 자연이 갖지 못한 이상미를 만들어내는 예술적 가공을 그는 이렇게 기술한다.

"예술은 현존재 속에서 우연성과 외면성에 의해 오염된 것을 예술의 참된 개념과 조화시키는 가운데 현상 속에서 개념과 일치하지 않는 모든 것을 버린다."

가령 히에로니뮈스 보스의 그림 속에 나타난 기괴한 형태들을 생각해보라. 헤겔에 따르면 그런 것은 예술에 입장할 권리가 없다. 왜? "잡종이거나 변형 과정에 있는 대상들은 그 대상들이 본래 가진 차이의 규정들을 고수할 능력이 없으므로 역시 자연미의 영역에 속하지 못한다."(193) 한마디로 이쪽이든 저쪽이든 어느 한 개념에 속하지 않기 때문이란다.

"개념과 일치하지 않는 모든 것을 버린다." 이 말 속에서 우리는 무지막지한 개념의 폭력을 본다. 이론적으로 이 말은 자연 속에서 개념적으로 파악이 안 되는 개별자들, 우연한 현상들을 무시하는 합리주의적 개념의 폭력을 뜻한다. 실천적으로는 자연의 탈자연화, 즉 인간의 필요에 낯선 힘으로 서 있는 자연의 이질적 힘을 모두 제거하라는 뜻이 된다. '필요에 따라 자연을 착취하라'라는 개발 이데올로기의 미학적 표현인 셈이다. 여기에서 자연은 그것이 가졌던 위엄을 박탈당한다. 자연은 '미'를 거부당했다. 우리가 자연에게 돌리는 '숭고'와 '미'를 헤겔은 간단히 인간화해 버린다.

히에로니뮈스 보스, 「쾌락의 정원」 오른쪽 패널의 부분

베르사유 궁전의 오렌지나무 정원, 1684~86년 사이에 조성
프랑스 고전주의적 정원 특유의 기하학적 배치를 보여준다.

앙겔루스
노부스

프라이어 공원의 풍경. 1742년 조성, 바스, 서머셋, 잉글랜드
자연 그대로의 모습을 추구했던 영국식 정원의 전형이다.

"달밤의 고요함, 냇물이 흘러가는 골짜기의 적요함, 헤아릴 수 없는 파도를 일으키는 숭고한 바다, 별이 수놓인 하늘의 위대함……. 이때 우리는 그 대상들 자체가 아니라 우리의 일깨워진 마음의 정서 속에서 의미를 찾아야 한다."(194)

인간화한 자연

헤겔이 파티니르의 그림을 보았다면 뭐라 했을까? 시큰둥했을 게다. 왜? "자연경치 안에 있는 것은 서로 상이하며 유기적이든 무기적이든 다만 외적으로만 연결되어 있는 풍부하고 다양한 대상들이다. 즉 산의 윤곽, 강의 흐름, 나무, 언덕, 집, 도시 궁전, 길, 배, 하늘, 바다, 골짜기, 협곡……." 이런 것은 단지 "외적인 조화"로써만 우리의 관심을 끌 뿐이라는 것이다. 헤겔은 풍속과 결합된 네덜란드의 풍경화를 높이 평가했다. 아마 이런 이유 때문이었을 게다. "네덜란드인들은 그들이 사는 땅을 대부분 스스로 만들었고 이를 바다의 폭풍에 대비해 지속적으로 방어하고 보존해야 했다."(240) 당시의 네덜란드는 인간화된 자연, 즉 도시화 이데올로기 urban ideology의 상징이었다.

그림 앞에서 본 낭만주의적 풍경화(=파국의 그림들), 그 살아 움직이는 물·불·공기·흙의 운동에 대해서는? 헤겔은 이미 분명한 대답을 갖고 있다. "생명이 없는 무기적인 자연은 이념에 부적합하다."(178) 낭만주의자들이 그토록 상찬하는 바로 그것이 미적으로 전혀 고려할 가치가 없다는 것이다. 낭만주의자들이 물질에 생명을 부여해 거기에 최고의 미적 가치를 부여했다면, 헤겔에게 미란 어디까지나 인간의 정신이 죽은 물질을 벗어버리는 데에 있었다. 여기서 우리는 낭만주의적 미학과 합리주의적 미학의 첨예한 대립을 본다.

낭만주의적 파국의 그림들에 나타난 자연과 인간은 극단적 부조화를 이룬다. 압도적인 자연과 한없이 왜소한 인간. 헤겔에게 이 부조화는 아름답지 못한 것이었다. 물론 인간과 자연은 조화를 이루어야 한다. 하지만 헤겔이 생각하는 인간과 자연의 조화로운 관계란 오직 자연의 탈자연화, 즉 자연의 인간화를 통해서만 도달할 수 있는 것이다. 정작 우리가 정복해야 할 것은 자연이 아니다. 인간과 자연이 서로 관계를 맺는 방식. 우리가 정복해야 할 것은 바로 이것이 아닐까?

10

앙겔루스
노부스

: 역사의 천사

역사의 천사는 이런 모습이리라
— 발터 베냐민

파울 클레, 「앙겔루스 노부스」, 1920

파울 클레의 천사

　　음악을 들으며 눈물을 흘린다? 있을 수 있다. 그런데 그림을 보는데 눈물이 핑 돈다? 이런 일도 있을 수 있을까? 원래 음악은 디오니소스적인 것. 인간의 원초적 감정에 직접적으로 호소하는 힘을 갖고 있다. 하지만 회화는 아폴론적인 것, 그리하여 예로부터 인간 정신의 합리적 부분과 관계되어 있는 것으로 여겨졌다. 그런데 그림을 보며 감정이 북받쳐 오르는 것은 웬 주책일까?

　아, 그것은 클레의 그림을 말한다. 대단한 그림이 아니다. 그 안에서 내가 확인할 수 있는 것은 가슴 뭉클한 드라마가 아니다. 그 안에는 이렇다 할 스토리, 그러니까 바라보는 이에게 감동을 줄 만한 이야기가 없다. 그렇다고 찬란한 색채와 형태의 유희로 관객을 압도해 버리는 현상학적 스펙터클이 있는 것도 아니다. 그저 유치원에 다니는 꼬마가 공책에 아무렇게나 그린 듯한 우스꽝스런 천사의 모습이 있을 뿐이다. 앙겔루스 노부스 Angelus Novus, 신천사 新天使.

왜 눈물이 나오는 걸까? 오랫동안 찾다가 드디어 발견했다는 기쁨에서? 하긴 그림의 소장처를 보니 예루살렘으로 되어 있다. 그러니 유럽에서 나온 클레의 화집에서 이 그림을 찾아보기란 어려울 수밖에. 아무리 찾아 봐도 「저녁 식사를 나르는 천사」는 있으나 「신천사」는 없었다. 그러니 우연히 그 그림을 찾았을 때 내 기쁨은 얼마나 컸겠는가? 그래서 나온 눈물일까? 아무리 생각해도 그런 건 아닌 듯하다. 그렇다면 왜? 그 그림이 양식적으로 클레의 예술언어에서 현격히 벗어난 것도 아니잖은가? 화집에서 비슷한 그림들을 수없이 보면서 왜 하필 이 그림인가?

어쩌면 이는 순수한 미적 체험이 아닐 게다. 내가 그 그림을 보는 순간 흘린 눈물은 모든 현실적 고려에서 추상된 공간에서 벌어지는 무관심적 주목의 산물이 아니다. 어쩌면 이는 근대적 의미의 미적 체험이 아닐 게다. 외려 이 체험은 정치라는 혼합물이 섞인 불순한 체험일지도 모른다. 그것은 불온한 체험이다. 하지만 순수한 미적 체험이란 무엇일까? 왜 미적 체험은 항상 순수해야 하는가? 그것이야말로 근대 부르주아의 미학적 환상이 아닐까? 자기들 삶의 산문성, 자기들이 만든 세계의 산문성, 그 무미건조한 삶의 한복판, 소위 '사적' 공간의 한 귀퉁이에 걸려 있는 한 조각의 운문성. 이 장식용 운문성을 위한 미적 이데올로기?

그럴지도 모른다. 가령 근대미학은 예술을 '가상'으로 규정함으로써 예술과 현실 사이에 넘을 수 없는 존재론적 벽을 쌓았다. 그 후 삶과 예술은 미메시스를, 존재론적 닮기를 하는 걸 포기했다. 그리하여 예술은 현실과 관계없는 향유의 대상, 값싸게 팔리는 문화상품, 나아가 사회적 신분을 가리키는 기호로 전락하여 산문적이기 짝이 없는 부르주아적 삶을 치장하는 장신구가 되어버렸다. 삶을 예술적으로 조직하기 위한 영감의 원천이 되는 대신, 예술은 부르주아적 삶과 부르주아적 세계의 비미학성을 감추는 포장지가 되어버렸다. 삶은 예술적이어서는 안 된다. 그럴 수 없다. 그래서 예술은 콘서트홀과 미술관 안에 있어야 하는 것이다.

나의 미적 체험 역시 대부분 부르주아적 성격을 벗지 못한다. 하지만 이 그림만은 다르다. 그것은 정말로 나를 감동시킨다. 그리고 그 감동은 한갓 인식론적인 사건이 아니다. 그것은 내 존재에 마법을 거는 존재론적 사건이다. 왜 그럴까? 왜 이 한 장의 그림에서 나는 무정한 사물이 아닌, 말을 걸어오는 인격을 느끼는 걸까? 천사의 눈은 나를 바라보고 있다. 무언가 내게 할 말이 있다는 듯이. 그리하여 천사의 눈과 나의 눈은 하나가 된다.

왜 그럴까? 아마 베냐민 때문일 게다. 어디선가 이 그림을 보고 남긴 그의 글 속의 한 구절이 내 머릿속을 사로잡고 있었기 때문이리라. 그렇다. 나는 베냐민의 글을 통해 그 그림을 보았다. 그래서 그림을 보며 눈물이 핑 도는 해괴한 체험을 했던 것이리라. 아마도 야만의 힘에 쫓기다 스스로 목숨을 끊었던 이 마르크시스트 랍비의 삶과 작업의 비극성이 그림을 바라보는 내 눈앞에서 오버랩되었을 게다. 그렇다. 그것은 부정할 수 없는 사실이다. 「역사의 개념에 관하여」라는 글에 나오는 구절이다.

앙겔루스 노부스

마르크 샤갈, 「야곱의 꿈」, 1966

유대의 천사. 발터 베냐민의 사상에는 유대교의 영향이 나타나 있다. 러시아계 유대인 화가 샤갈은 야곱의 꿈속에 나타난 유대교의 천사를 이렇게 묘사한다. 그림 속에 '야곱의 사다리'(야곱이 꿈에서 본 하늘에 닿는 사다리.『창세기』28장)가 보인다.

"파울 클레의 그림이 있다. 「앙겔루스 노부스」라고 하는. 천사 하나가 그려져 있다. 마치 그의 시선이 응시하는 곳으로부터 떨어지려고 하는 듯한 모습으로. 그의 눈은 찢어졌고, 입은 벌어져 있으며, 그의 날개는 활짝 펼쳐져 있다. 역사의 천사는 아마 이런 모습이리라. 그의 몸은 과거를 향하고 있다. 거기에서 일련의 사건들이 우리 눈앞에 제 모습을 드러내고, 그 속에서 그는 단 하나의 파국만을 본다. 끊임없이 폐허 위에 폐허를 쌓아가며 그 폐허들을 천사의 발 앞에 내던지며 펼쳐지는 파국을.

아마 그는 그 자리에 머물러 죽은 자를 깨우고, 패배한 자들을 한데 모으고 싶은 모양이다. 하지만 한 줄기 난폭한 바람이 파라다이스로부터 불어와 그의 날개에 와 부딪치고, 이 바람이 너무나 강하여 천사는 날개를 접을 수가 없다. 이 난폭한 바람이 천사를 끊임없이 그가 등을 돌린 미래로 날려 보내고, 그동안 그의 눈앞에서 폐허는 하늘을 찌를 듯 높아만 간다. 우리가 '진보'라 부르는 것은 바로 이 폭풍이리라."

파국이라는 이름의 현실

천사의 머리는 몸통과 날개를 합친 것만큼이나 크다. 저것이 바로 몸에 비해 의식이 과잉 발달한 근대적 인간의 조건 conditio humana moderna이다. 삶의 한복판에 뛰어들지 못하고 끝없이 관념의 세계만 발전시켜야 하는 지식인의 조건이다.

근육질의 파시스트들은 머리만 자란 이 유대인 천사를 경멸했다. 생각만 하느라 행동력이 결여된 무능한 자라고. 그들은 현실 밖에서 그 거대한 머리로 관념의 세계만 발전시키는 지식인들을 비난했다. 현실을 움직이는 것은 관념이 아니라 벌거벗은 힘이라고. 너희는 왜 이 냉혹한 진리에 동의하지 않느냐고. 왜 이 야만적 힘의 놀이에 동참하지 않느냐고. 천사는 날개를 들고 있다. 이 거대한 야만의 힘 앞에서 머리만 자란 그는 힘없이 두 손을 들고 항복한 듯하다. 그 커다란 머리로 현실을 어떻게 해석하든, 현실은 내 해석을 비웃으며 변함없이 압도적인 힘으로 나를 조롱한다.

천사의 입은 벌어져 있다. 왜? 놀라움 때문일까? 베냐민의 표현을 빌리자면, "20세기에도 이런 일이 가능하다는 데에 대한 놀라움은 분명히 철학적 놀라움은 아닐 것이다"일까? 그렇다. 20세기에 도대체 이런 야만이 가능하다는 것은 철학적 성격의 놀라움이 아니다. 그것은 존재의 파국이다. "승리하는 적 앞에서 죽은 자들도 무사하지 못하리라. 그리고 그 적은 승리하기를 그치지 않았다."(「역사의 개념에 관하여」 vi) 승리하는 자들은 역사를 쓴다. 그리하여 승리하는 적 앞에 선, 그들이 쓰는 역사 속에선 죽은 자들은 무사할 수가 없다. 그들은 승리를 확인하기 위해 쓰러진 적병을 확인사살 하듯이 죽은 자들을 또 한 번 죽인다. 그러나 "어느 시대든 전승傳承(계통을 대대로 전해 이어간다는 의미)을 압도하려고 하는 순응주의로부터 전승을 구해내야 한다."(vi)

입을 벌린 천사는 그 째진 눈으로 하늘 높이 쌓여가는 파국의 장면을 응시하며, 거기서 떨어지려고, 거기에서 현재를 구원하려고 "죽은 자를 깨우고 패배한 사들을 한데 모"아 파라다이스를 향해 날아가려 한다. 잊혀가는 죽은 자들의 기억을 되살리고, 패배한 자들을 일으켜 세우고, 흩어진 자들을 다시 모아서, 한때 우리가 꿈꾸었던 파라다이스로 다시 날아가려는 가망 없는 몸짓을 한다. 그러나 파라다이스에서 불어오는 한 줄기 난폭한 바람이 그를 끊임없이 뒤로 몰아붙이고, 하늘을 향해 솟아오르는 파국의 더미를 바라보며 천사는 파라다이스로부터 점점 멀어지면서 알 수 없는 등 뒤의 미래로 밀려 날아간다.

"근원은 목표다." 천사가 등을 돌리고 있어 볼 수 없는 미래는 어떤 모습일까? 근원은 목표? 목표는 근원? 그렇다면 미래는 인류 역사의 출발점이었던 파라다이스? 그러나 아직 프롤레타리아의 신적 폭력에 마지막 희망을 걸 수 있었던 베냐민과 달리, 역사는 우리에게 이 신학적 목표조차 허용하지 않는다. 우리에게는 목표가 없다. '근원'이라는 형태로도 없다. 그렇다면 남는 것은? 완벽한 허무주의뿐. "억압받는 자들의 전승은 우리가 처한 '예외 상황'이 사회의 정상적 상태라고 가르친다."(viii) 하지만 허무주의가 패배주의적일 필요는 없다. 심연의 밑바닥까지 내려간 절망의 체험은 다른 한편 우리에게 무한한 창조적 가능성을 약속한다.

날개를 편 천사. 그것은 헛된 저항이다. 아무리 날갯짓을 하려 해도 천사는 파라다이스로 날아갈 수가 없다. 그래도 천사는 날개를 접을 수가 없다. 강한 바람 때문에 접으려 해도 접히지가 않는다. 오늘날 우리가 처한 상황이 바로 이런 것이 아닐까? 우리가 저항을 한다고 현실이 바뀌지는 않는다. 우리는 그것을 안다. 그렇다고 저항을 포기할 수는 없다. 바람 때문에 우리는 날개를 접을 수가 없다. 저항을 위해 우리 자신에게 장밋빛 미래의 헛된 약속을 할 필요는 없다. 성급

알브레히트 뒤러, 「멜랑콜리아」, 1514

멜랑콜리로서의 천사. 창조적인 일을 하는 자들은 르네상스 이래 '사투르누스(토성)'의 아들로 여겨졌다. 이들은 심리적으로 멜랑콜리한 (=우울한) 기질을 갖고 있다고 여겨진다.

앙겔루스 노부스

하게 급조된 희망의 그림을 그릴 필요도 없다. 우리는 그저 저항을 할 뿐이다.

누군가 이 시대에 다시 완성품의 '희망'을 얘기한다면, 그것은 아직 그가 절망의 나락까지 체험해보지 못했음을 의미한다. 외려 저 천사의 째진 눈처럼 삶의 근원적 비극성을 냉정하게 응시하고, 우리의 저항이 현실을 파라다이스로 만들 수 없음을 정직하게 인정하고, 그렇다고 저항을 포기하는 게 아니라, 바로 그렇기 때문에 꿋꿋하게 날개를 펴고 저항을 해야 하는 신천사. 그게 우리의 모습이 되어야 하지 않을까?

천사는 "죽은 자를 깨우고 패배한 자들을 한데 모으고 싶은 모양이다." 그렇다. 아무리 가망 없는 노력이라 하더라도 천사는 그 일을 하지 않을 수 없다. 천사들이여, 희망은 미래 속에 있는 것이 아니다. 헛되이 고개를 돌려 미래를 보지 마라. 돌아볼 수 없는 등 뒤의 미래가 아니라 파국이라는 이름의 눈앞의 현실, 끝없이 뒤로 밀려나는 우리 눈앞에 파노라마처럼 펼쳐지는 과거를 바라보라. 그리고 미래를 위해 그 과거의 기억을 조직하라. 별자리를 짜듯이. 구원은 그 기억 속에 있다.

"지나간 것을 역사적으로 분절화 한다는 것은 '그것을 원래 있었던 그대로' 인식하는 것이 아니다. 위험의 순간에 번득이는 기억을 발동시키는 것이다."(vi) 그리고 위험의 순간에 번득이는 이 과거의 기억 속에서 "희망의 불꽃"(vi)을 보라. 그 불꽃은 전람회의 벽에 걸린 작품처럼 존재의 지속성을 갖는 그림이 아니다. 밤하늘에서 터졌다가 사라지는 불꽃처럼 생성의 순간성을 갖는 그림이다. 한 번의 데생으로 시작부터 완성의 순간까지 지속되는 타블로^{tableau}(그림)가 아니라, 순간 순간마다 모습을 바꾸며 다시 그려야 할 섬광과 같은 실체 없는 영상이다.

천사의 째진 눈은 하늘로 쌓아 올려지는 파국의 더미만을 바라보며 슬퍼할 뿐 아니라, 그 암울한 사회의 여기저기에서 반짝반짝 터지는 희망의 불꽃들을 포착하는 감성을 갖고 있다. 그리고 검은 하늘에 뿌려진 별들의 배열 속에서 감추어진 형상을 찾아내듯이 산산이 흩어진 이 불꽃들을 이어서 별자리를 만들어내는 상상력을 갖고 있다. 이 우울한 창조의 즐거움 때문에 그는 등을 돌리지 않고 눈앞의 현실을 응시하며, 눈앞에서 펼쳐지는 과거를 보기 위해 날개를 펴고 끊임없이 미래로 밀려날 뿐이다. 신천사들이여, 날개를 펴라. 그러나 경고. 그 날개는 한 번 펴면 다시 접지 못하리라.

◆ 닫는 글 ◆
닮기의 놀이

이제껏 쓴 몇 편의 글에서 나는 서양 미학사를 탈근대적 관점에서 읽으려고 했다. 근대미학의 관점으로 해석된 미학사 속에서 나는 근대적 에피스테메episteme(인식구조)가 배제해버린 탈근대적 요소들을 찾아내어 부각시키려 했다. 창작의 영감으로서 '광기', 예술의 힘으로서의 '도취' '우연'의 미학, 내 속의 자연(=신체)과 내 몸 밖의 '자연'. 그리고 무엇보다도 근대적 합리주의에 의해 대상의 '모방imitatio'이라는 의미로 축소된 미메시스의 본래적 의미를 되살리려고 했다.

    예술은 누추한 존재를 고상하게 치장하는 장식품으로 전락해서는 안 된다. 작품에 관한 딜레탕트적 담론의 놀이로 자신을 다른 그룹의 인간들과 구별하고자 하는 자들이 벌이는 하릴없는 사회적 상징작용의 기호로 소모되어서는 안 된다. 그것은 무엇보다도 인간이 자신의 존재를 아름답게 형상화하는 데에 필요한 창조적 영감을 주는 존재가 되어야 한다. 인간은 예술을 닮아야 한다. 예술은 인간이 자기를 닮기를 원한다. 예술은 한갓 인식의 대상이 아니다. 그것은 우리와 존재론적 닮기를 하는 대화의 상대가 되어야 한다. 근대의 인식론적 미학은 이제 서서히 탈근대의 존재미학으로 바뀌어야 한다.

그리고 이때 예술은 한때 그것과 근원적으로 함께했던 것, 그러나 이미 오래전에 작별하여 미적 왕국의 밖으로 추방되었던 윤리와 다시 만나게 된다. 사회적 아노미라는 무정형의 상태. 예술은 여기서 인간들에게 자기 삶을 하나의 작품처럼 꾸며나가는 데에 필요한 영감을 주면서, 이 천박한 사회에 에토스를 형성하는 동력이 되어야 한다. 또 에토스는 미학적일 때 비로소 자기의 독단성을 벗을 수가 있다. 왜? 미는 개성적이기 때문이다. 그리하여 저마다 미적 가치를 갖는 수없이 다양한 삶들이 서로 교호작용을 할 때, 비로소 사회는 폭력적 독단성과 무정형의 천박성에서 동시에 벗어날 수 있을 것이다.

앙겔루스 노부스. 이 글을 나는 이제까지 내가 쓴 글의 미학적 결론을 보여주는 하나의 예로 제시한다. 클레의 그림을 통해 나는 파라다이스의 들뜬 희망을 참담한 좌절감으로 떠나보내야 했던 1980년대 우리들의 슬픈 경험을 처리하려고 하였다. 승리하기를 멈추지 않는 자들에 의해 독재자들의 망령이 차례로 부활하고, 우리를 위해 죽은 자들의 무덤이 적들에게 비웃음당하고 모욕당하기 위해 파헤쳐지고 우리에 의해 잊히고 외면당하는 이 위험의 순간에, 나는 다시 과거의 기억을 되살리고 싶었다.

천사는 등을 돌리고 있다. 뒤를 돌아보지 마라. 이는 흔히 과거를 돌아본다는 것을 의미한다. 하지만 천사는 등을 돌리고 있다. 그리하여 천사는 뒤를 돌아 미래를 보지 않고 눈앞에 펼쳐지는 과거의 파노라마를 응시한다. 저항을 위해 굳이 돌아볼 수 없는 미래의 최종 목표를 설정하고 거기에 분홍빛 채색을 할 필요는 없다. 필요한 것은 문명의 시작부터 이제까지 걸어온 우리의 역사를 직시하는 회고적 인식이다. 그 경험들의 단편을 별자리처럼 짜내어 거기서 희망의 불꽃을 찾아내야 한다. 주위를 둘러보라. 아직도 사회 곳곳에 흩어져 조그만 실천을 하는 불꽃들이 보일 게다. 그 불꽃들을 연결하여 별자리를 짜듯이 시시각각으로 우리의 희망을 새로 짜야 한다.

날개를 펴고 뒤로 밀려 날아가는 신천사처럼 우리의 저항도 우리를 파라다이스에 가까이 가게 해주지는 못할 것이다. 소위 물질적 '진보'라는 이름의 바람은 우리의 저항을 비웃으며 우리를 사정없이 뒤로 밀어낼 것이다. 숫자로 표현되는 물질적 발전 속에서 자연은 파괴되고, 몸은 망가지고, 정신은 황폐화되고, 인간은 천박해지고…… 그리고 그 빠른 발전 속도를 미처 따라오지 못하는 우리 사회의 정신적 후진성은 우리를 끝없는 절망에 빠뜨리며 우리 발 앞에 새로운 파국의 폐허를 던져 놓을 것이다. 이 위험의 순간. 이는 사회의 "예외 상태"가 아니다. 그것은 사회의 정상적 상태다. 슬픈 얘기지만 사회는 언제나 그럴 것이다. 바로 이 위험의 순간에 나는 현재를 구원하고자 "죽은 자들을 깨우고 패배한 자들을 다시 한데 모"으고 싶다.

앙겔루스 노부스. 저 한 장의 그림은 내게 단지 미적으로 지각해야 할 인식론적 '대상'이 아니다. 나와 존재론적 닮기의 놀이를 하기 원하며 그 슬픈 눈으로 나를 물끄러미 응시하고 있는 또 하나의 주제, 무뚝하게 머리난 자란 또 하나의 멜랑콜리커melancholiker(우울한 기질을 가진 사람)다.

◆ 참고문헌 ◆

1. 미와 에로스: 존재미학

플라톤, 『향연』, 박병덕 옮김, 육문사, 2000
미셸 푸코, 『성의 역사 2권—쾌락의 활용』, 이규현 외 옮김, 나남, 1999

2. 피그말리온의 꿈: 미메시스의 근원적 의미

플라톤, 『국가』, 박종현 옮김, 서광사, 1997
오비디우스, 『변신 이야기』, 이윤기 옮김, 민음사, 1998
하이데거, 『예술작품의 근원』, 오병남·민형원 옮김, 예전사, 1996
에른스트 크리스·오토 쿠르츠, 『예술가의 전설』, 노성두 옮김, 사계절, 1999

3. 헤라클레스의 돌: 예술의 디오니소스적 특성

Platon, *Ion*, Sämtliche Dialoge, übersetzt von Otto Apelt, Bd. III
아리스토텔레스, 『시학』, 천병희 옮김, 문예출판사, 1999

4. 말의 힘: 미와 숭고의 대립

Longinus, *Vom Erhabenen*, übersetzt von Otto Schöberger, Stuttgart, 1988
Platon, *Gorgias*, Sämtliche Dialoge, übersetzt von Otto Apelt, Bd. I

5. 메갈로프쉬키아: 위대한 영혼, 디오게네스

Diogenes Laertios, *Leben und Lehre der Philosophen*, übersetzt von Fritz Jürß, Stuttgart, 1988

6. 죽어가는 것들: 신체의 억압과 부활

데카르트, 『정념론』, 김형효 옮김, 삼성출판사, 1999

데이비드 흄, 『정념에 관하여』, 이준호 옮김, 서광사, 1996

스피노자, 『에티카』, 강영계 옮김, 서광사, 1990

앨버트 허쉬먼, 『열정과 이해관계』, 김승현 옮김, 나남, 1994

7. 옛것과 새것: 이성의 독재에 대한 투쟁

Nicolas Boileau-Despréaux, *L'art Poétique*, œuvres complétes Paris, 1966

미셸 푸코, 『감시와 처벌』, 오생근 옮김, 나남, 1994

8. 물, 불, 공기, 흙: 자연의 숭고

칸트, 『판단력 비판』, 이석윤 옮김, 박영사, 1974

Edmund Burke, *A Philosophical Inquiry into the Origin of Our Ideas of the Sublime and the Beautiful*, edit. by J. T. Boulton, London, 1958

Longinus, *Vom Erhabenen*, übersetzt von Otto Schöberger, Stuttgart, 1988

9. 자연의 결함?: 자연미 Vs. 예술미

헤겔, 『헤겔 미학』, 두행숙 옮김, 나남, 1996

테오도르 아도르노, 『미학이론』, 홍승용 옮김, 문학과지성사, 1994

10. 앙겔루스 노부스: 역사의 천사

발터 베냐민, 『역사에 관하여』, 『발터 벤야민의 문예 이론』, 반성완 옮김, 민음사, 1983

◆ 도판 목록 ◆

1. 미와 에로스: 존재미학

- 장-레옹 제롬, 「배심원 앞의 프리네」, 1861, 캔버스에 유채, 80×128cm, 쿤스트할레, 함부르크 _pp.20~21
- 이폴리토 부치, 4세기 프락시텔레스가 제작한 「크니도스의 아프로디테」의 로마 시대 복제품, 대리석, 국립 로마 미술관 _p.24
- 브론치노, 「비너스의 승리의 알레고리」, 1540~45, 나무판에 유채, 146×116cm, 내셔널갤러리, 런던 _p.27
- 사랑하는 자, '에라스테스'와 사랑받는 자 '에로메노스'가 그려진 붉은 채색의 컵(부분), B. C. 480년경, 지름 26.4cm, 루브르 박물관, 파리 _p.34
- 티치아노, 「천상의 사랑과 지상의 사랑」, 1514, 캔버스에 유채, 118×279cm, 보르게세 미술관, 로마 _pp.36~37
- 알브레히트 뒤러, 제바스티안 브란트의 『바보들의 배』에 붙인 삽화, 15세기 말 _p.43

2. 피그말리온의 꿈: 미메시스의 근원적 의미

- 장-레옹 제롬, 「피그말리온과 갈라테이아」, 1890, 캔버스에 유채, 88.9×68.6cm, 메트로폴리탄 미술관, 뉴욕 _p.46
- 빌헬름 에두아르트 다에게, 「회화의 발명」, 1832, 캔버스에 유채, 176.5×135.5cm, 구(舊)국립미술관, 베를린 _p.50
- 알브레히트 뒤러, 「여인을 그리는 장인」, 『비례론』의 삽화, 1525, 동판화, 판화보관소, 베를린 _p.59
- 자크-루이 다비드, 「알렉산더 앞에서 캄파스페를 그리는 아펠레스」, 1814, 나무판에 유채, 96×136.2cm, 릴 미술관 _p.60
- 르네 마그리트, 「불가능한 것의 시도」, 1928, 캔버스에 유채, 116.0×81.1cm, 도요타

- 시립 미술관 ⓒ René Magritte / ADAGP, Paris – SACK, Seoul, 2013 _p.64
- 카를로 마리아 마리아니, 「손은 지성에 복종한다」, 1983, 개인 소장, 미국 _p.66

3. 헤라클레스의 돌: 예술의 디오니소스적 특성
- 폼페이의 원형극장(사진), B. C. 70년경 건축 _p.70
- 카를로 브로기, 「그리스의 비극 시인 에우리피데스」, 19세기, 바티칸 박물관 _p.73
- 비극을 연기하는 배우들, 로마 석관의 부조, 240~60년경, 넬슨 앳킨스 미술관, 캔자스시티 _p.76
- 에피다우로스의 원형극장(사진), B. C. 4세기에 건축, ⓘⓢbgabel _pp.82~83
- 「신희극 마스크들과 함께 있는 메난드로스」, A. D. 40~60, 로마 시대의 부조 _p.88
- 고대 그리스 비극에서 사용된 장치 '에키클레마(Ekkyklema)'의 도해 _p.89
- 사티로스 축제의 참가자들에게 둘러싸인 디오니소스와 아리아드네를 그린 프로노모스 크라터의 그림 도해, B. C. 400년경, 높이 75cm, 국립고고학박물관, 나폴리 _p.91

4. 말의 힘: 미와 숭고의 대립
- 자크-루이 다비드, 「소크라테스의 죽음」, 1787, 캔버스에 유채, 130×196cm, 메트로폴리탄 미술관, 뉴욕 _pp.94~95
- 아리스토파네스의 희극 「구름」의 한 장면, 동판화, 1564년 혹은 그 이전 _p.97
- 소크라테스의 조상, 기원전 3세기 작품의 복제, 루브르 박물관, 파리 _p.98
- 파르테논 신전 돌벽에 새겨진 조각의 일부 _p.104
- 자크-루이 다비드, 「세네카의 죽음」, 1773, 캔버스에 유채, 123×160cm, 프티팔레 박물관, 파리 _pp.110~11

5. 메갈로프쉬키아: 위대한 영혼, 디오게네스
- 라파엘로, 「아테네 학당」, 1510, 프레스코 벽화, 500×770cm, 바티칸 성당, 로마 _pp.116~17, p.119, p.120, p.122
- 주세페 보시, 「레오나르도 다 빈치의 초상」, 19세기, 붉은색 분필, 토리노 왕립도서관 _p.119
- 장-레옹 제롬, 「디오게네스」, 1860, 캔버스에 유채, 74.5×101cm, 월터스 미술관, 볼티모어 _pp.124~25
- 「시노프의 디오게네스」, 석상, 시노프, 터키 ⓘⓢMichael F. Schönitzer _p.127
- 조반니 베네데토 카스틸리오네, 「진정한 인간을 찾는 디오게네스」, 17세기 중반, 캔버스에 유채, 97×145cm, 프라도 미술관, 마드리드 _p.129

- 가에타노 간돌피, 「알렉산더 대왕과 디오게네스」, 1792, 캔버스에 유채, 52.4×65cm, 개인 소장 _pp.132~33
- 우고 다 카르피, 「디오게네스」(파르미자니노의 모작), 1527년경, 목판화, 드레스덴 국립미술관 _p.136

6. 죽어가는 것들: 신체의 억압과 부활
- 렘브란트 판 레인, 「니콜라스 튈프 박사의 해부학 강의」, 1632, 캔버스에 유채, 169.5×216.5cm, 마우리츠하위스 미술관, 헤이그 _pp.144~45
- 미힐 얀스 판 미레벨트, 「빌럼 판 데르 메이르의 해부학 강의」, 1617, 캔버스에 유채, 146.5×202cm, 프린센호프 미술관, 델프트 _p.149
- 요하네스 데 케탐, 『의술서(Fasiculo de Midicina)』의 삽화, 1493~94, 베네치아 _p.153
- 바르톨로메우스 돌렌도, 「라이던 대학의 해부학 강의실」(얀 코르넬리우스 바우다뉘스를 모사), 1609, 동판화 _p.156
- 렘브란트 판 레인, 「데이만 박사의 해부학 강의」, 1656, 캔버스에 유채, 100×134cm, 역사박물관, 암스테르담 _p.163
- 안니발레 카라치, 「그리스도의 시체」, 1583~85, 캔버스에 유채, 70.7×88.8cm, 슈투트가르트 국립박물관 _p.164

7. 옛것과 새것: 이성의 독재에 대한 투쟁
- 미켈란젤로, 「다비드」, 1504, 대리석, 높이 434 cm, 아카데미아 미술관, 피렌체 ⓘⓒ David Gaya _p.168
- 도나텔로, 「다비드」, 1430~40, 브론즈, 높이 158cm, 피렌체 _p.171
- 잔 로렌초 베르니니, 「다비드」, 1623~24, 대리석, 높이 170cm, 보르게세 미술관, 로마 _p.172
- 잔 로렌초 베르니니, 「성 테레사의 엑스터시」, 1647~52, 대리석, 높이 350cm, 코르나로 예배당, 산타 마리아 델라 비토리아, 로마 _p.178
- 니콜라 푸생, 「솔로몬의 재판」, 1649, 캔버스에 유채, 101×150cm, 루브르 박물관, 파리 _pp.184~85
- 피터르 폴 루벤스, 「페르세우스와 안드로메다」, 1620~21년경, 캔버스에 유채, 99.5×139cm, 예르미타시 미술관, 상트페테르부르크 _p.186

8. 물, 불, 공기, 흙: 자연의 숭고
- 니콜라 푸생, 「겨울(대홍수)」, 1660~64, 캔버스에 유채, 117×160cm, 루브르 박물

- 관, 파리 _pp.192~93
- 칼 파블로비치 브륄로프, 「폼페이 최후의 날」, 1830~33, 캔버스에 유채, 456.5×651cm, 러시아 미술관, 상트페테르부르크 _pp.202~03
- 윌리엄 터너, 「눈보라」, 1842, 캔버스에 유채, 91.5×122cm, 테이트 갤러리, 런던 _p.206
- 장–피에르 생투르, 「지진」, 1860, 캔버스에 유채, 142×185cm _p.207
- 존 마틴, 「신의 분노의 날」, 1853년경, 캔버스에 유채, 198×308cm, 테이트 갤러리, 런던 _p.209
- 카스파르 다비트 프리드리히, 「해변의 수도승」, 1808 혹은 1810년, 캔버스에 유채, 171.5×110cm, 베를린 국립미술관 _pp.212~13

9. 자연의 결함?: 자연미 Vs. 예술미
- 요아힘 파티니르, 「이집트로의 피난 중의 휴식」, 16세기 초, 나무에 유채, 121×177cm, 프라도 미술관, 마드리드 _pp.218~19
- 요아힘 파티니르, 「이집트로의 피난 중의 휴식」, 16세기, 나무에 유채, 32.5×49cm, 국립순수미술관, 부에노스아이레스 _pp.222~23
- 마사초, 「삼위일체」, 1427~28년경, 프레스코화, 667×317cm, 산타 마리아 노벨라 성당, 피렌체 _p.226
- 마사초의 「삼위일체」의 선원근법(도해) _p.226
- 니콜라 푸생, '사계' 연작(왼쪽 페이지 「봄」과 「여름」, 오른쪽 페이지 「가을」과 「겨울」), 1660~64, 캔버스에 유채, 각 117×160cm, 루브르 박물관, 파리 _pp.228~29
- 헤리 메트 데 블레스, 「구리 광산」, 1480~1550, 나무에 유채, 83×114cm, 우피치 미술관, 피렌체 _p.231
- 히에로니뮈스 보스, 「쾌락의 정원」(부분), 1480~1505년 사이, 나무에 유채, 220×390cm(전체 크기), 프라도 미술관, 마드리드 _p.233, 239
- 베르사유 궁전의 오렌지나무 정원(사진), 1684~86년 사이에 조성 ⓘⓢUrban _p.240
- 프라이어 공원의 풍경(사진), 1742년 조성, 바스, 서머셋, 잉글랜드 _p.241

10. 앙겔루스 노부스: 역사의 천사
- 파울 클레, 「앙겔루스 노부스」, 1920, 종이에 유채물감을 찍고 수채, 31.8×24.2cm, 이스라엘 박물관, 예루살렘 _p.246
- 마르크 샤갈, 「야곱의 꿈」, 1966, 캔버스에 유채, 195×278cm, 국립 샤갈 성서 박물관, 니스 Marc Chagall©ADAGP, Paris 2013-Chagall® _pp.250~51
- 알브레히트 뒤러, 「멜랑콜리아」, 1514, 달렘 회화관 동판화 보관소, 베를린 _p.255

◆ 찾아보기 ◆

ㄱ

가상 • 49, 51~52, 57, 63, 65, 67, 248
감각 • 8, 35, 57, 61~63, 154, 175~76, 182, 188~89, 235
견유주의 • 7, 122, 123, 126
경험론(경험론자) • 41, 198~99
고르기아스 • 98~101
고전주의(고전주의 미학) • 7~8, 10, 90, 112, 150, 173, 175~77, 179~83, 187~88, 199
공포(phobos) • 72, 87~90, 205, 208, 211
그리스 비극 • 73, 76, 88, 89~91, 177
근대미학 • 6~9, 14, 42, 248, 259
근원 • 6, 39, 53, 65, 79, 105, 187~88, 254, 256, 260
기하학 • 17, 119, 155~58, 182~83, 185, 199, 240
기회원인론 • 151

ㄴ

낭만주의 • 7~8, 107~08, 112, 204~05, 240~41
뉴먼, 바넷 • 10
니체, 프리드리히 • 7, 39, 90~91, 141, 159, 162

ㄷ

다비드 • 169~70, 173
다비드, 자크-루이 • 60, 61, 94~95, 102, 110~11
데카르트 • 8, 150~51, 154, 157~59, 161, 176, 179, 182, 188, 197, 204
  -『정념론』• 8, 151~52, 154, 158
  -『방법서설』• 158, 182
도나텔로 • 170~71
  -「다비드」• 171
동성애 • 30~40
뒤러, 알브레히트 • 43, 59, 65, 224, 255
디오게네스 • 7, 115~41
디오니소스 • 78, 83, 87~91, 247
디오티마 • 29, 32~33

ㄹ

라파엘로 • 116~17, 119~21
렘브란트 • 144~45, 163, 165
로코코 • 188
롱기누스(僞) • 7, 8, 93, 103, 105~09, 112~13, 187, 191, 198~200, 208, 210
  -『숭고에 관하여』• 103, 187, 198, 200

루벤스, 피터르 폴 · 183~88
르네상스 · 53, 61, 146, 170, 174, 225, 255
리오타르, 장-프랑수아 · 7, 10
- 「숭고와 아방가르드」· 7

ㅁ

마그리트, 르네 · 63~64
마르크스, 카를 · 140, 162
마사초 · 226~227
- 「삼위일체」· 226~227
메갈로프쉬키아(영혼의 크기) · 7, 107, 109, 115~41
멜랑콜리 · 9, 15, 255, 262
명석판명 · 182~83, 197~98
모방(imitatio)(모방론) · 6, 51~53, 55~63, 80~81, 84~87, 95, 100, 105~07, 176, 179, 181, 188, 197~99, 259
뮤즈 · 77~79
미메시스(존재론적 닮기) · 6, 55, 59~67, 86~87, 105~06, 187, 189, 210~11, 214, 249, 259
미켈란젤로 · 168, 170, 173
- 「다비드」· 168, 173

ㅂ

바로크 · 147~48, 161, 170, 173~74, 177~78, 182~83, 187~88
바움가르텐, 알렉산더 · 188
바퇴, 샤를 · 198
- 「단 하나의 원리로 환원된 예술들」· 198
버크, 에드먼드 · 7~8, 197, 205, 208~11
- 「숭고와 미의 관념의 기원에 대한 철학적 연구」· 197, 205

베냐민, 발터 · 5~6, 9, 65, 135, 245, 249, 251, 253~54
- 「역사철학테제」· 9
- 「역사의 개념에 관하여」· 249, 253
베르니니, 잔 로렌초 · 170, 172, 173, 178, 179
- 「다비드」· 170, 172, 173, 179
- 「성 테레사의 엑스터시」· 177, 178
보스, 히에로니뮈스 · 232, 233, 238, 239
부알로, 니콜라 · 167, 174, 176~77, 181, 183, 187, 197, 199
브레상블랑스(진리 충실성) · 8, 176, 179~81
브루넬레스키 · 225
브륄로프, 칼 파블로비치 · 201, 203
- 「폼페이 최후의 날」· 202~03
블레스, 헤리 메트 데 · 230, 231
- 「구리 광산」· 230, 231
비앙세앙스(점잖음) · 8, 176~77, 179, 180~81
빙켈만, 요한 · 105

ㅅ

상상력 · 8, 46, 51~52, 58, 175~76, 179, 181~82, 188~89, 197, 220~21, 257
생태미학 · 9~10, 215
소크라테스 · 7, 25~28, 32~33, 39, 55, 71, 74, 80, 95, 96~102, 138~41
소피스트 · 98
수사학 · 99~103, 107, 109
숭고(숭고론) · 7~10, 95, 103, 105, 107~09, 112~13, 141, 187~88, 197~200, 205, 208, 210~11, 214, 238, 240
시인 · 29, 41, 71~80, 84~86, 100~01,

106, 181
시인 추방론 · 57, 74, 80, 84

ㅇ

아리스토텔레스 · 6~7, 25, 58, 80~81, 85~90, 108, 118, 121~23, 137, 139, 177, 198~99
 - 『시학』 · 81, 88, 177
아리스토파네스 · 30, 97~98
 - 「구름」 · 97~98
아리에스, 필리프 · 147~48, 150
아방가르드 · 10, 66
아시안파 · 109~12, 113
아티카파 · 109~12, 174
아파테이아 · 81
아펠레스 · 60~61
아프로디테 · 22, 24, 26~27, 29, 31~32, 43, 48
알렉산더 대왕 · 60~61, 123, 131, 133~34, 140
앙겔루스 노부스(신천사) · 248, 256~57, 260~61
에로스 · 21, 25~29, 31~35, 38~44, 147
에키클레마 · 89
에토스 · 42, 260
에피스테메 · 14, 148, 150, 152, 259
연민(eleos) · 87~90, 157
영감(영감론) · 6~7, 71, 78, 80~81, 90, 105~06, 108~09, 113, 162, 187, 189, 249, 259~60
예술 검열론 · 57, 74, 80,
예술미 · 9, 60, 234~37
오비디우스 · 45, 46, 47~48

 - 『변신』 · 47~48
원근법 · 53, 59, 61, 225~27
육체와 정신 · 32, 41, 151~54, 158~59
이데아 · 39, 41, 54~56, 58~59, 84, 86, 118, 122, 137
 - 미의 이데아 · 6, 14, 33, 35, 38, 42, 58
이성(합리적 이성) · 8, 39, 53, 57~58, 65, 71, 74~75, 78~80, 85~86, 89~91, 103, 112, 139~40, 151, 154, 158, 161~62, 165, 167, 174~76, 179~80, 182~83, 187~88, 199~200, 211
이성애 · 31
인간중심주의 · 8, 148, 152, 214

ㅈ

자본주의 · 8, 113, 141, 161~62, 230
자연 · 8~10, 23, 47, 59~61, 65, 67, 78, 105, 107~08, 112~13, 150, 160, 162~65, 176, 179~82, 187, 191, 196, 199~201, 204~05, 208, 210~15, 224~25, 230~43, 259, 261
 - 자연미 · 9, 60, 199~200, 217, 234~37, 238
 - 자연숭고 · 187~88
재현 6, 83, 84, 86~87, 90
접신(접신론) · 187, 199, 105~06
정념 · 8, 107, 151, 152~55, 157~58, 160~62, 165
정신적 생식(영혼의 생식) · 28~31, 42
제욱시스 · 51~53, 58
존재미학 · 6, 10, 13, 40~42, 113, 139, 141, 189, 260

ㅋ

카논 • 179, 199
카라치, 안니발레 • 164~65
카타르시스 • 81, 89
칸트, 임마누엘 • 8, 139, 188, 211, 214
　ー『판단력 비판』• 211
칼로카가티아 • 30~32, 41
클레, 파울 • 9, 173, 246, 247~52, 260
　ー「앙겔루스 노부스(신천사)」• 9, 245~57, 260~62
　ー「저녁식사를 나르는 천사」• 248

ㅌ

타나토스 • 31, 147
탈근대 미학 • 10, 260
테크네 • 6~7, 41, 55, 71~72, 78, 80~81, 90, 99~100, 108, 199

ㅍ

파국의 그림(낭만주의 풍경화) • 8, 204, 240
파토스 • 95, 102, 105~09, 112, 173, 179~80
파티니르, 요아힘 • 218~19, 220, 222~23, 224~25, 227, 232, 235, 240
판옵티콘 • 179~81
포스트모던 • 5~6, 42, 90~91, 103, 112, 162, 188~89, 214
표현(표현론) • 51~53
푸생, 니콜라 • 174, 183~87, 192~93, 194, 196~97, 200, 227
　ー '사계' 연작 • 192~93, 227, 228~29
푸코, 미셸 • 6, 14, 38~40, 181, 183
　ー『성의 역사』• 6

　ー『감시와 처벌』• 181
풍경(풍경화) • 224~25, 230, 240~43
프로이트, 지크문트 • 23, 162
프리네 • 20~21, 22~26, 29
프리드리히, 카스파르 다비트 • 210, 212~13
플라톤 • 6~7, 14, 19, 25, 32~39, 53, 58, 61~63, 69, 71, 74~75, 78~80, 84~91, 95, 98~101, 103, 106~07, 118~23, 126, 135~39, 141, 152, 199, 205
　ー『향연』• 6, 14, 19, 26, 39~42
　ー『이온』• 6, 71~80, 106
　ー『고르기아스』• 26, 98~102
　ー『공화국』• 38~39
　ー『국가』• 54~55, 74, 84
　ー『변명』• 74, 102
피그말리온 • 44~67

ㅎ

하이데거, 마르틴 • 6, 62~63, 65
　ー『예술작품의 근원』• 6, 62, 65
합리주의 • 65, 103, 150~51, 160~61, 165, 175~76, 187~88, 197~200, 204, 214, 237, 241, 259
해부학 • 145, 147~49, 158~60, 165
허쉬먼, 앨버트 • 8
헤겔, 게오르크 빌헬름 프리드리히 • 9, 217, 234~36, 238, 240~41
　ー『미학』• 9
　ー『자연철학』• 234
헤라클레스의 돌 • 69~91
호메로스 • 29, 71~72, 78, 84, 100, 107

앙겔루스
노부스
탈근대의 관점으로 다시 읽는 미학사

ⓒ 진중권 2013

1판 1쇄 2013년 8월 26일
1판 3쇄 2020년 11월 25일

지은이	진중권
펴낸이	정민영
책임편집	손희경
편집	권한라
디자인	문성미
마케팅	정민호 박보람 우상욱 안남영
제작처	영신사

펴낸곳	(주)아트북스
출판등록	2001년 5월 18일 제406-2003-057호
주소	10881 경기도 파주시 회동길 210
대표전화	031-955-8888
문의전화	031-955-7977(편집부) 031-955-8895(마케팅)
팩스	031-955-8855
전자우편	artbooks21@naver.com
트위터	@artbooks21

ISBN 978-89-6196-144-8 04100
　　　978-89-6196-142-4 (세트)

값은 뒤표지에 있습니다.
잘못된 책은 구입하신 서점에서 교환해 드립니다.

이 도서의 국립중앙도서관 출판예정도서목록(CIP)은 서지정보유통지원시스템 홈페이지(http://seoji.nl.go.kr)와 국가자료종합목록 구축시스템(http://kolis-net.nl.go.kr)에서 이용하실 수 있습니다.
(CIP제어번호: CIP2013014454)